阅读法国

80篇

[法] 德尼·C.梅耶尔 编著

刘常津 编译

上海译文出版社

图书在版编目（CIP）数据

阅读法国80篇 / （法）梅耶尔（Denis C. Meyer）编著；
刘常津编译 . —上海：上海译文出版社，2019.3（2025.8重印）
ISBN 978–7–5327–7703–7

Ⅰ.①阅… Ⅱ.①梅… ②刘… Ⅲ.①法语—阅读教
学—自学参考资料 Ⅳ.①H329.4

中国版本图书馆 CIP 数据核字（2018）第 018903 号

本书简体字中文版和法文版版权
由法国 Hachette Livre 出版社直接授予上海译文出版社
CLÉS POUR LA FRANCE
Denis C. Meyer
© Hachette Livre
Vendu en Chine continentale exclusivement

图字：09–2017–1025 号

阅读法国80篇
［法］德尼·C.梅耶尔　编著　刘常津　编译
责任编辑/张嫣　黄晓楚　装帧设计/柴昊洲
插图/张碧影

上海译文出版社有限公司出版、发行
网址：www.yiwen.com.cn
201101　上海市闵行区号景路159号B座
上海景条印刷有限公司印刷

开本890×1240　1/32　印张9.25　插页2　字数297,000
2019年3月第1版　2025年8月第7次印刷
印数：18,001—20,000册

ISBN 978–7–5327–7703–7
定价：38.00元

AVANT-PROPOS

── 前言 ──

本书所汇集的文章均为原创之作，每一篇的主题都称得上是一个具有代表性的法国文化图标。

所谓"文化图标"，指的是具有象征意义的形象或符号，在构建集体想象力和培养文化归属感中均发挥着至关重要的作用。文化图标可以是一个人、一件物、一场事件、一种习俗或一类思想，在公共场所、各类机构、文艺作品、教育制度、媒体传播、交谈沟通、社会实践、文化产品与各类消费品中都能见到它们。总而言之，文化图标可谓无所不在，无所不包。作为共有的文化参照物，文化图标明示与暗含的价值得到所有人的认可。个体对这些文化图标的熟悉程度体现出其与自身所属文化之间关系的紧密程度，或者对某种异国文化了解的深度。

诸如"波尔多葡萄酒"、"蜗牛"、"奥黛丽·塔图"、"路易威登"、"香奈儿"等一些图标已经成为了法国人和法国文化最为直接的"形象代言人"，当人们谈起法兰西，最常提起的往往就是这些内容。还有一些法国的文化图标，如"龚古尔文学奖"、"开学季"、"皮埃尔神父"、"吉尼奥尔布袋木偶"、"2CV"等，它们在法国以外往往不为人知，但这丝毫没有减损它们对于文化归属感与民族集体记忆的影响力。

本书收录了八十个文化图标，即八十篇文章，共分为六大章节。文章的选择基于主题的代表性以及在语言交际和日常生活中出现的频率。单从数量上来看，确实谈不上"面面俱到"，但每一篇都可以视为了解相关文化图标的切入点，它们从整体上构成了一个汇集基本文化要素的样板，使读者有机会了解法国文化和社会的不同方面。

　　本书的写作视角刻意与所介绍的对象保持了一定的"距离"，即从旁观者的角度来审视这些图标对于构筑法国人共同的文化身份所起到的作用，同时探究法国人自身如何看待这些图标，以及其中所存在的某些刻板印象。

D.C. 梅耶尔

CONSEILS D'UTILISATION
── 使用建议 ──

我们希望读者能够尽量灵活地使用本书。

■ 本书收录的文章并非按照语言难度加以排列，不同主题之间也不存在递进关系，读者可以按顺序阅读，也可随意选读。

■ 本书所选的文章语言表达清晰简洁、句式严整、用词讲究。每篇文章简短易读，篇幅控制在 150 词至 250 词之间，使读者能够在有限的时间内完成阅读，为读者带来获取新知的成就感和满足感。

■ 本书提供的词汇双语解释仅说明词汇在文章中的含义。

■ 本书提供的注释多为文化信息的补充，旨在帮助读者更好地理解文章内涵。

■ 本书中的一些文章虽然所属章节可能不同，但在内容上其实存在着一定的联系，读者在阅读时可根据注释中的提示进行参考学习。

■ 课后练习分为三类：

　○ 精读（Lire）：根据文章的内容提出问题，检测读者的理解程度，并突出文章的重点，同时帮助读者充实词汇和句型。

　○ 讨论（Parler）：提供可在阅读后进行讨论的问题，就一些与文章主题相关的内容或论点询问读者意见，旨在引发思想碰撞与延展思考。

　○ 探索（Rechercher）：提供与课文主题有关的探索学习方向，需要读者对相关问题进行资料收集和准备，再用法语发表完整的说明。

■ 每一篇文章均按照《欧洲语言学习统一标准》（CECRL）标记难度，但课后练习，尤其是"讨论"与"探索"这两类练习，可应用于各种不同语言水平的学生。

■ 每一个章节均设置单元小结（Pour faire le point），对本章中大多数的文化图标都进行了一句话的概括说明。该小结既可以用作每个章节学习结束后的回顾，也可用作开始学习前的引导。

■ 本书附录包含：课后精读与单元小结的参考答案；文章对应"欧标"级别的索引表。

SOMMAIRE

目 录

Histoire, institutions
历史、制度

Industrie, éducation, travail
工业、教育、工作

Langue, médias, culture
语言、媒体、文化

Alimentation, gastronomie
食物、美味

Apéritif

开胃酒

L'apéritif, qu'on appelle aussi l'apéro[1], est avant tout un rituel social, il a lieu avant les repas, déjeuner ou dîner. On prend l'apéro au café ou à la maison, avec des amis, en famille.

Le prétexte de l'apéritif est d'ouvrir l'appétit, de préparer au plaisir du repas. Les boissons traditionnelles sont le pastis, le martini, le porto, le kir (mélange de vin blanc et de sirop de cassis)[2], des cocktails ou tout simplement un jus de fruits pour ceux qui ne boivent pas d'alcool. Les boissons sont servies avec des cacahuètes, des petits biscuits salés, des olives ou toutes sortes de bouchées imaginées par les hôtes[3]. Parfois, l'apéro peut même se substituer au repas.

On arrive chez des amis « à l'heure de l'apéro », c'est-à-dire bien avant le repas. Ce moment passé ensemble est l'occasion de conversations générales et détendues entre les convives ; mais si la discussion touche un sujet controversé, comme c'est souvent le cas, les débats peuvent devenir rapidement animés et bruyants.

词汇

rituel (*n.m.*) : une coutume, une habitude 惯例

avoir lieu : prendre place, se dérouler 发生，举行

prétexte (*n.m.*) : un motif, une intention 理由，目的

se substituer (*v.pr.*) : remplacer 替代

détendu, e (*adj.*) : relaxé, décontracté, amical 放松的，友善的

convive (*n.*) : un(e) invité(e) 宾客

controversé, e (*adj.*) : qui est l'objet de disputes, d'opinions contradictoires 有争议的

bruyant, e (*adj.*) : qui fait du bruit 喧哗的，吵闹的

注释

1. 法语中部分字母较多的单词，在日常交际中往往使用缩略语形式，属于通俗用法。例如：

   l'apéritif → l'apéro 开胃酒

   l'information → l'info 新闻

   l'automobile → l'auto 汽车

   la publicité → la pub 广告

   le réfrigérateur → le frigo 冰箱

   le laboratoire → le labo 实验室

   la météorologie → la météo 天气预报

   le restaurant → le resto 饭店

2. 茴香酒（le pastis）、马提尼酒（le martini）、波尔图甜酒（le porto）、基尔酒（le kir，以白葡萄酒与黑加仑混合调制的开胃酒）均为法式餐饮中常见的开胃酒，口味偏甜，但度数不低，有一定的刺激性。

3. 花生仁（la cacahuète）、咸饼干（le biscuit salé）、腌制橄榄果（l'olive）及一口酥（la bouchée）等都是搭配开胃酒食用的小吃。

课后练习

LIRE 精读

1. Quand prend-on l'apéritif ?
2. Pour quelle raison prend-on l'apéritif ?
3. Où prend-on l'apéritif et avec qui ?
4. Prend-on seulement des boissons alcoolisées en apéritif ?
5. Que peut-on manger avec l'apéritif ?
6. Quelle est l'ambiance d'un apéritif ?

PARLER 讨论

1. « On ne prend l'apéritif qu'en France » : vrai ou faux ?
2. Commentez cette proposition : - L'apéritif est un « rituel social ».
3. Citez des sujets de conversation qui peuvent entraîner des controverses, des disputes.

RECHERCHER 探索

1. Les régions d'où proviennent le porto, le pastis, le kir.
2. D'autres boissons communes pour l'apéritif.
3. L'origine du mot « apéritif ».

Beaujolais nouveau

博若莱新酒

Le vin a une fête, c'est celle du Beaujolais[1] nouveau. Cette fête a lieu chaque année dans le cadre d'une stricte législation[2], d'un rituel méticuleusement réglé et d'une organisation commerciale de grande envergure. Le troisième jeudi du mois de novembre, des millions de bouteilles de beaujolais nouveau sont livrées dans les bars et restaurants de France et partout sur la planète. Des panneaux et des affiches proclament alors que « le Beaujolais Nouveau est arrivé ! »

La particularité du beaujolais est qu'il est bu très jeune, immédiatement après sa fabrication. Il est léger, tendre et fruité, d'un rouge transparent, il contient très peu de tanins[3] et c'est pourquoi tout le monde l'apprécie. On le déguste au son de l'accordéon et des chansons. C'est un vin qui réunit, qui appelle à la fraternité et aux agapes joyeuses.

Sur tous les continents, l'arrivée du nouveau cru[4] est célébrée autant qu'en France. En Inde, on transporte les caisses de beaujolais à dos d'éléphant, les Américains associent désormais le beaujolais au Thanksgiving Day, alors qu'à Hakone[5], au Japon, un hôtel organise des bains au beaujolais auxquels sont conviés les résidents.

5

cadre (*n.m.*) : les limites, le contexte 范围，界限，背景

méticuleusement (*adv.*) : précisément, minutieusement 精心地，细致地

réglé, e (*adj.*) : ordonné, organisé 有序的，有组织的

envergure (*n.f.*) : une dimension, une ampleur 规模

tanin (*n.m.*) : une substance organique existant dans les végétaux 单宁

agape (*n.f.*) : un banquet, un repas entre amis 聚餐，盛宴

cru (*n.m.*) : le vin de l'année 名酒

désormais (*adv.*) : à partir de maintenant 至此以后，今后

alors que : tandis que (exprime la simultanéité) 当……时，同时

convier (*v.t.*) : inviter 邀请

注释

1. 博若莱（Beaujolais）地区位于法国中东部，该地区的北部和南部分别与勃艮第（la Bourgogne）和罗讷河谷（la vallée du Rhône）两大葡萄酒产区相邻，产区面积虽小，但其出产的博若莱新酒（le beaujolais nouveau）可谓享誉世界。

2. 此处"dans le cadre d'une stricte législation"指博若莱产区的葡萄酒命名（l'appellation）要依照严格的法律规定，目前主要有Beaujolais和Beaujolais-Villages两个级别。

3. 单宁（le tanin）是葡萄酒中特有的天然酚类物质，其含量对于葡萄酒的口感和品质都起到重要的影响，被形象地称为葡萄酒的"骨架"。

4. 法语中le cru是一个多义词，既指葡萄酒的产区，也指固定产区特有的葡萄酒，尤其是指著名产区生产的"名酒"。

5. 箱根（Hakone）位于东京西南约90公里处，是日本著名的温泉疗养胜地。

课后练习

LIRE 精读

1. La fête du beaujolais, c'est quand ?
2. Pourquoi peut-on dire que la fête du beaujolais est une fête universelle ?
3. Comment la fête du beaujolais est-elle annoncée ?
4. Quelles sont les caractéristiques du beaujolais ?
5. Quelle est l'ambiance de la fête ?
6. Aux États-Unis, quelle fête a lieu en même temps que celle du Beaujolais ?
7. Où peut-on se baigner dans du beaujolais ?

PARLER 讨论

1. Citez des boissons nationales et internationales emblématiques.
2. Présentez une fête typique d'un pays, autour d'une boisson ou de produits alimentaires.

RECHERCHER 探索

1. La région du beaujolais, sa situation géographique, son histoire, son économie.
2. « Une chanson à boire » française.

Café et croissant

咖啡与羊角面包

Le duo idéal qui compose le petit déjeuner se prend parfois à la maison, mais surtout au café : debout au comptoir, si on est pressé, ou assis dehors en terrasse①, si on a du temps, avec le journal du matin.

Le croissant doit être encore chaud, sorti droit de chez le boulanger, légèrement croustillant à l'extérieur, onctueux à l'intérieur. Pour le café, il existe des options : on le prend noir ou « expresso » (surtout après le déjeuner), court ou allongé, parfois double, avec ou sans sucre. On peut y mettre aussi une goutte de lait, c'est alors un « noisette »②, ou si l'on veut plus de lait, on demandera un « crème »③.

Le croissant est probablement d'origine viennoise④, mais les boulangers français lui ont apporté cette texture feuilletée qui le caractérise si bien. Quant au café, les Italiens en font incontestablement un bien meilleur. Toutefois, rarement deux produits étrangers ont été à ce point « naturalisés » en France pour en faire un couple aussi réussi.

comptoir (*n.m.*) : le bar d'un café 吧台

droit de (*adv.*) : directement 直接地，径直地

croustillant, e (*adj.*) : qui craque légèrement sous la dent 松脆的

onctueux, se (*adj.*) : doux, moelleux 滑腻的，松软的

viennois, e (*adj.*) : qui se rapporte à Vienne, en Autriche 维也纳的

texture (*n.f.*) : une forme, une composition, un aspect 结构

feuilleté, e (*adj.*) : une pâte formée de fines feuilles superposées 千层的

quant à (*prép.*) : en ce qui concerne 关于，对于……来说

incontestablement (*adv.*) : sans aucun doute, certainement 不容置疑地

注释

1. 法国许多咖啡馆设有露天座位（la terrasse），客人们可以在此一边品味浓郁香醇的咖啡，一边欣赏优美的街景。
2. noisette (*n.f.*) 原指"榛子"，此处指加了少量鲜奶（通常为一小匙）的咖啡，简称为un noisette。
3. crème (*n.f.*) 原指"奶油"，此处指加了较多量鲜奶或炼乳的咖啡，简称un crème。
4. 奥地利首都维也纳（Vienne）不仅是一座艺术文化之都，其生活方式精致讲究的宫廷还是许多美味糕点的诞生地，这使"维也纳的"（viennois, e）成为了高级点心的代名词。

课后练习

LIRE 精读

1. À quels lieux le café et le croissant sont-ils associés ?
2. Où peut-on acheter des croissants ?
3. Quelles sont les qualités d'un bon croissant ?

4. Quelles sortes de café peut-on commander ?
5. Le croissant est-il une « invention » française ?
6. Quel pays a la réputation de faire un très bon café ?

PARLER 讨论

1. Présentez un petit déjeuner typique de deux régions très différentes du monde.
2. Que préférez-vous : le thé ou le café ? Pourquoi ?
3. Quelles sont les régions du monde où l'on boit du thé ?

RECHERCHER 探索

1. Les variétés de croissants en France.
2. L'origine du mot « croissant ».
3. L'origine du café, sa production dans le monde.

Champagne

香槟

Pas de fête sans champagne[①]. Ce vin blanc pétillant, produit dans la région de Reims[②], est plus qu'une boisson, c'est un signe, il est associé aux évènements exceptionnels : mariage, naissance, anniversaire, promotion, succès, victoire, réunion... Le champagne apporte une dimension symbolique nécessaire aux instants heureux et mémorables de la vie.

Chaque année, la région Champagne[③] fabrique plus de 300 millions de bouteilles, la moitié environ est exportée dans le monde entier et le reste est vendu en France. On ne boit pas du champagne tous les jours cependant, son prix en fait un produit de luxe.

Ouvrir une bouteille de champagne nécessite un rituel approprié : d'abord, on enlève délicatement la partie supérieure de la collerette de papier brillant ; on défait ensuite doucement le muselet de fer qui capture le bouchon. Il faut retirer lentement celui-ci du goulot et maîtriser l'explosion d'une main experte car un bouchon sous pression peut atteindre une vitesse de 50 km/h ! Finalement, le vin mousseux et ambré est distribué dans toutes les flûtes.

Le moment est alors venu pour les convives de trinquer et de dire joyeusement « santé ! »[④] à tout le monde.

pétillant, e (*adj.*) : effervescent, qui produit des bulles 冒泡的，有气泡的

collerette (*n.f.*) : le papier qui couvre le col de la bouteille （酒瓶颈部的）包装纸

muselet (*n.m.*) : le fil métallique qui maintient le bouchon （套在起泡酒瓶塞上的）金属丝封口

goulot (*n.m.*) : le col de la bouteille （酒瓶的）细颈

mousseux, se (*adj.*) : qui fait des petites bulles, écumeux, spumescent 有泡沫的，起泡的

flûte (*n.f.*) : un long verre spécial pour le champagne （盛装香槟的）高脚杯

convive (*n.*) : un(e) invité(e) 宾客

trinquer (*v.i.*) : choquer son verre contre un autre avant de boire 碰杯

注释

1. 香槟（la Champagne）是法国一旧省名，位于法国东北部。17世纪60年代，一种甘甜爽口的气泡葡萄酒在此酿造成功，享誉全球的"香槟酒"（le champagne）由此诞生。

2. 兰斯（Reims）是香槟地区的中心。公元5世纪末，法兰克人国王克洛维（Clovis Ier）在此受洗皈依基督教，此后历代法国正统君主均在此加冕，兰斯因此而被誉为"王者之城"（la Cité des Sacres）。

3. 自2016年1月1日起，原香槟–阿登大区（la région Champagne-Ardenne）与邻近的阿尔萨斯大区（l'Alsace）和洛林大区（la Lorraine）合并为"大东部大区"（la région Grand-Est）。

4. 法语中la santé意为"健康"，经常在祝酒时使用，表达良好的愿望，例如：À votre santé！祝您健康！

课后练习

LIRE 精读

1. Dans quel endroit en France le champagne est-il fabriqué ?
2. Quelle est la particularité de ce vin ?
3. À quel type de célébrations le champagne est-il associé ?
4. Quelle est la production annuelle de champagne ?
5. Pourquoi peut-on dire que le champagne est un produit de luxe ?
6. Pourquoi est-il préférable de ne pas laisser exploser le bouchon lorsqu'on ouvre une bouteille de champagne ?
7. Dans quel type de verre boit-on le champagne ?
8. Que dit-on en trinquant ? Pour quelle raison ?

PARLER 讨论

1. Présentez un symbole, un objet, un rituel associés à la fête, au succès, à la gaieté.
2. Expliquez le sens de cette phrase attribuée à Napoléon : « Je ne peux vivre sans champagne, en cas de victoire, je le mérite ; en cas de défaite, j'en ai besoin ».

RECHERCHER 探索

1. Les grandes marques et les différents types de champagne.
2. Les étapes principales de la fabrication du champagne.

Chefs

大厨

Depuis Marie-Antoine Carême[1], « le roi des chefs et le chef des rois », depuis les méditations de Brillat-Savarin[2] sur l'art culinaire (1825) et les milliers de recettes du *Guide culinaire* d'Auguste Escoffier[3] (1903) qui ont inspiré les chefs du 20e siècle, la gastronomie française n'a pas cessé d'innover, de proposer de nouveaux goûts, de nouvelles compositions.

La première génération des maîtres à toque blanche qui s'affairent dans les cuisines et viennent saluer les clients au moment du dessert sont des légendes : Fernand Point[4] à Vienne, au sud de Lyon ; les frères Troisgros[5] à Roanne ; Raymond Oliver[6] au Grand Véfour de Paris ; Alain Chapel[7] à Mionnay ; Paul Bocuse[8], le « pape de la cuisine », à Lyon.[9]

La génération suivante, celle de la « post-Nouvelle Cuisine », s'exporte beaucoup : Joël Robuchon[10] possède une douzaine de restaurants en Europe, aux États-Unis et en Asie ; Alain Ducasse[11] dirige un empire global qui comprend des restaurants, une école de cuisine et une maison d'édition ; Pierre Gagnaire[12], initiateur de la fusion des saveurs et de la « cuisine moléculaire »[13], s'est installé à Las Vegas... Quant à Marc Veyrat[14], le plus insolite des chefs contemporains, célèbre pour son grand chapeau noir, promoteur des plantes et de l'agriculture biologique, il préfère rester en Savoie mais sa réputation est mondiale.

Deux publications très respectées observent, commentent et évaluent le monde des chefs : le Guide rouge Michelin[15], qui distribue des étoiles, et le Gault Millau⑯, qui attribue des notes de 10 à 20. Moins de 70 restaurants dans le monde bénéficient de la précieuse mention 3 étoiles, dont environ deux douzaines en France.

词汇

recette (*n.f.*) : le procédé de préparation d'un plat, d'un mets 烹调法，菜谱

goût (*n.m.*) : la saveur d'un aliment 口味，味道

toque (*n.f.*) : une sorte de bonnet, de chapeau （厨师的）直筒无边高帽

s'affairer (*v.pr.*) : être occupé, s'activer à des tâches 忙于，忙着

saveur (*n.f.*) : la sensation produite par un goût, une texture 口感，滋味

insolite (*adj.*) : inattendu, original, curieux 不寻常的，特有的

biologique (*adj.*) : organique, naturel, sans addition de produits artificiels 天然的，无添加的

注释

1. 玛丽-安托万·卡雷姆（Marie-Antoine Carême, 1784—1833）：首位拥有"大厨"（le chef）头衔的名厨，备受欧洲多国王室推崇，被誉为"厨中之王与王之大厨"（le roi des chefs et le chef des rois）。

2. 布里亚-萨瓦兰（Jean Anthelme Brillat-Savarin, 1755—1826）：律师、法官出身的法国美食家，他于1825年出版的《味觉生理学》（*Physiologie du goût*，中文版书名为《厨房里的哲学家》）一书成为法国美食研究的经典著作。

3. 奥古斯特·埃斯科菲耶（Auguste Escoffier, 1846—1935）：法国著名厨师、酒店管理者和美食指南作家，他于1903年出版的《烹饪指南》（*Le Guide culinaire*）一书囊括了近5000道菜品的制作方法，被誉为"美食界的《圣经》"。

4. 费尔南·普安（Fernand Point, 1897—1955）：法国著名厨师，

现代法国美食业的先驱。1933年，普安成为首位获得"米其林三星"称号的厨师。1925年至1955年，他一直担任维埃纳城（Vienne，里昂附近）"金字塔"饭店（La Pyramide）的主厨，是法国餐饮业的传奇人物。

5. 特鲁瓦格罗兄弟（les frères Troisgros）：指皮埃尔·特鲁瓦格罗（Pierre Troisgros，1928— ）和让·特鲁瓦格罗（Jean Troisgros，1926—1983），两人出身于法国美食烹饪世家，他们的家族拥有著名连锁餐饮和旅馆企业特鲁瓦格罗集团。该企业的发源地在法国东部的罗阿讷城（Roanne）。

6. 雷蒙·奥利弗（Raymond Oliver，1909—1990）：法国名厨，巴黎"大威弗尔饭店"（Le Grand Véfour）的主厨和大股东之一，该酒店长期保持"米其林三星"的地位。

7. 阿兰·沙佩尔（Alain Chapel，1937—1990）：法国当代著名厨师，自1967年起，在法国东部米约奈镇（Mionnay）其父母开办的饭店担任主厨，直至去世。沙佩尔是"新烹调运动"（参见注释9）的推动者之一。

8. 保罗·博古兹（Paul Bocuse，1926—2018）：出身于烹饪世家，法国当代名厨。1960年，博古兹在里昂将一家简陋的小酒馆改造为高档饭店，该饭店之后迅速跻身于"米其林三星"行列。博古兹被誉为"烹饪教皇"（le pape de la cuisine），是"新烹调运动"的代表人物之一。

9. 本段提到的多位大厨均为法国"新烹调运动"（la Nouvelle Cuisine）的领军人物。"新烹调运动"兴起于20世纪70年代，主张摒弃完全依靠酱汁来制作食物的传统烹调，提倡注重食材本身的品质和烹饪技艺，同时保留食物原料本身的味道。下一段提到的多位大厨所处的时代则被称为"后新烹调运动"（la post-Nouvelle Cuisine）时代。

10. 若埃尔·罗比雄（Joël Robuchon，1945— ）：法国当代顶级大厨，累计获得米其林星级最多的厨师。

11. 阿兰·迪卡斯（Alain Ducasse，1956— ）：当代著名大厨，生于法国，后加入摩纳哥国籍，曾三次被授予"米其林三星"荣誉，本人拥有20多家高档餐馆和酒店。

12. 皮埃尔·加涅尔（Pierre Gagnaire，1950— ）：法国名厨，他于

2009年在美国拉斯维加斯（Las Vegas）创办的饭店以推广创意餐饮著称，其菜品往往被美食评论家定义为"惊世骇俗"之作。

13. 分子料理（cuisine moléculaire）：用科学的方式去理解食材分子的物理或化学变化，然后运用所得的经验和数据，把食物进行再创造。分子料理的兴起被誉为"厨房里的解构主义运动"。

14. 马克·韦拉（Marc Veyrat，1950—）：特立独行的名厨，推崇天然食材，两次获得"米其林三星"和"高特米鲁20分"荣誉（参见注释16）。韦拉的家乡位于法国东部的萨瓦地区（la Savoie）。

15. "米其林红色指南"（le Guide rouge Michelin）指米其林公司出版的餐饮和旅馆年鉴，1900年首创，发行至今，是世界权威美食、住宿和旅游指南手册。该指南对饭店的评价分为三个星级，但即便是最低的"一星"饭店，也必须经过严苛的审核。

16. 法国权威美食杂志《高特米鲁》（*Gault & Millau*）创刊于1972年，刊名取自两位创始人的名字，即著名记者与美食评论家亨利·高特（Henri Gault，1929—2000）和克里斯蒂安·米鲁（Christian Millau，1928— ），该杂志对各大饭店进行评分，满分为20分。

■ 课后练习

LIRE 精读

1. Quel est le nom d'un des plus célèbres précurseurs de la « Haute Cuisine » en France ?

2. Quel a été le rôle historique d'Auguste Escoffier pour la cuisine française ?

3. Que portent les chefs sur la tête ?

4. Qui sont les chefs qui représentent la « Nouvelle Cuisine » française ?

5. Quelle est la particularité des chefs de la cuisine contemporaine en France ?

6. Pourquoi Marc Veyrat se distingue-t-il des autres chefs ?

7. Par quelles instances les restaurants sont-ils « classés » ?

8. Quelle est la distinction la plus prestigieuse pour un restaurant ?

PARLER 讨论

1. Présentez un pays ou une région célèbre pour sa cuisine et une recette ou un plat représentatif.
2. Exprimez votre opinion sur ces propositions :
   - La cuisine est un art, comme la peinture, la littérature ou la musique.
   - Il est inutile de cuisiner, c'est une perte de temps.
3. Que pensez-vous de cette remarque de Molière : « Il faut manger pour vivre et non pas vivre pour manger » (*L'Avare*, 1668) ?

RECHERCHER 探索

1. Une citation du livre de Brillat-Savarin.
2. La philosophie de la « Nouvelle Cuisine ».
3. Des restaurants « 3 étoiles » dans le monde.

Escargots et grenouilles

蜗牛与青蛙

Le seul lien que l'on peut établir entre des animaux aussi différents que l'escargot et la grenouille, c'est qu'ils sont tous deux associés à la gastronomie française, à la fois dans son raffinement et dans son excentricité. De la grenouille, seules les cuisses sont dégustées. On les fait frire avec de la panure, du sel et des oignons. Les os de grenouilles sont aussi fins que des arêtes de poisson et il faut faire très attention à ne pas les avaler. Quant aux escargots, un mets gastronomique typiquement bourguignon[1], la recette est très élaborée, elle nécessite plus de huit jours de préparation, puis on les frit à la poêle avec une persillade. En fait, ce sont surtout les touristes de passage en France qui désirent faire l'expérience des grenouilles ou des escargots, car les Français en mangent plutôt rarement. L'idée de consommer des animaux aussi exotiques semble incongrue pour beaucoup d'entre eux et c'est vrai que les prix pratiqués dans les restaurants qui en proposent découragent un peu. Pourtant, il faut reconnaître que ces batraciens et ces gastéropodes[2] ont réussi à définir la cuisine française de manière remarquable.

lien (*n.m.*) : un rapport, une liaison 关联，联系

raffinement (*n.m.*) : la sophistication, la distinction 精致，高雅

excentricité (*n.f.*) : ce qui n'est pas dans la norme, qui est extra-vagant 古怪，不同寻常

cuisse (*n.f.*) : la partie supérieure de la jambe 大腿

déguster (*v.t.*) : manger, consommer 品尝

panure (*n.f.*) : un mélange de farine et d'œufs 面包粉

avaler (*v.t.*) : absorber, ingérer 吞，咽

mets (*n.m.*) : un plat, une recette, une spécialité culinaire 菜肴

persillade (*n.f.*) : un assaisonnement à base de persil, de beurre et d'ail 用切细的香芹、大蒜拌以黄油等制成的调味品

注释

1. 勃艮第（la Bourgogne）不仅是法国主要葡萄酒产区之一，还盛产野生蜗牛。勃艮第蜗牛搭配当地特产红酒，称得上是法式大餐中的绝妙组合。

2. 此处用"两栖类"（le batracien）和"腹足纲"（le gastéropode）分别代指"青蛙"和"蜗牛"。

课后练习

LIRE 精读

1. Quelle sorte d'image les escargots et les grenouilles donnent-ils à la cuisine française ?
2. Que mange-t-on des grenouilles et que faut-il éviter ?
3. Avec quels ingrédients les grenouilles sont-elles cuisinées ?
4. Les escargots sont une spécialité de quelle région française ?
5. Comment cuisine-t-on les escargots ?
6. Pour quelles raisons les Français ne mangent-ils pas souvent d'escargots ?
7. Quels sont les noms scientifiques des escargots et des grenouilles ?

PARLER 讨论

1. Exprimez votre opinion sur ces propositions :
   - Il est choquant de manger des escargots ou des grenouilles.
   - Il faut respecter les traditions culinaires dans les cultures du monde.
2. Citez des bizarreries gastronomiques dans les traditions culinaires d'autres pays.
3. Commentez cette remarque de Brillat-Savarin : « Dis-moi ce que tu manges, je te dirai qui tu es » (*La physiologie du goût, 1825*).

RECHERCHER 探索

1. Le sens du message de la fable *La grenouille qui veut paraître aussi grosse qu'un bœuf* de Jean de la Fontaine (1621-1695).
2. Le sens de l'expression : « Avancer comme un escargot ».

Frites

炸薯条

Les Américains attribuent l'invention des frites aux Français depuis que Thomas Jefferson[1] en mangeait à Paris juste avant la Révolution. De leur côté, les Français pensent que les frites sont une spécialité belge.

La vérité se trouve dans les assiettes, où souvent ces pommes de terre découpées en forme d'allumettes et cuites dans l'huile accompagnent comme garniture des saucisses, des « biftecks », des omelettes, des moules... Une salade verte à la vinaigrette complète généralement ce tableau du déjeuner, pris rapidement en brasserie ou au restaurant.

Il est inutile de demander à un enfant ce qu'il préfère entre les haricots verts, les épinards ou les frites. Les adultes sont plus discrets sur ce sujet mais ils penseront la même chose. L'obsession nationale pour les frites est si grande qu'elle se traduit jusque dans la langue, en effet quelqu'un qui se sent fatigué pourra ainsi dire : « Aujourd'hui, je n'ai pas la frite ! »[2]

词汇

vérité (*n.f.*) : ce qui est vrai, authentique 真实，真相

garniture (*n.f.*) : un assortiment, une décoration 装饰品；配菜

vinaigrette (*n.f.*) : une sauce à base d'huile, de vinaigre et de sel
（用橄榄油、醋和盐配制的）醋汁

brasserie (*n.f.*) : un type de café qui sert des plats simples （提
供简餐的）咖啡馆，小酒馆

haricot vert (*n.m.*) : un type de légume 四季豆

épinard (*n.m.*) : un légume vert 菠菜

discret, ète (*adj.*) : qui agit avec retenue 谨慎的

se traduire (*v.pr.*) : s'exprimer, se manifester 表现出，显露出

se sentir (*v.pr.*) : avoir le sentiment, éprouver un sentiment 感
觉，感受

注释

1. 托马斯·杰斐逊（Thomas Jefferson，1743—1826）：美利坚合众
国的开国元勋之一，美国第三任总统，著名的政治家、学者，曾
支持法国大革命。

2. 法语中avoir la frite的意思是"精神好，精力充沛"，属于通俗的
表达。

课后练习

LIRE 精读

1. Les frites sont-elles belges ou françaises ?
2. À quoi peut-on comparer l'apparence des frites ?
3. Avec quel légume et comment fait-on des frites ?
4. Avec quoi mange-t-on des frites ?
5. Qui préfère les frites aux légumes verts ?
6. Que signifie l'expression : « Avoir la frite » ?

PARLER 讨论

1. À votre avis, les frites sont-elles une nourriture universelle aujourd'hui ?
2. Débattez les propositions suivantes :
   - Si on aime quelque chose, on peut en manger autant qu'on veut.
   - On peut manger de tout, mais avec modération.

RECHERCHER 探索

1. Des plats à base de friture.
2. Les différentes façons de cuisiner les pommes de terre.

Fromages

奶酪

Avec le pain et le vin, le fromage constitue le troisième côté du « triangle sacré » de la gastronomie française, considérée dans son aspect le plus élémentaire. On peut en effet concevoir en France un excellent déjeuner composé uniquement de ces trois éléments, avec peut-être en plus quelques olives noires et une salade verte bien assaisonnée.

Il existe près de quatre cents variétés de fromages en France, chaque région en produit, selon des méthodes et des traditions particulières : le camembert en Normandie[1], le brie à Meaux[2], le cantal en Auvergne[3], le roquefort en Aveyron[4]... Comme pour les vins, certains fromages reçoivent le label d'Appellation d'Origine Contrôlée (AOC)[5], qui garantit la qualité de leur fabrication. On utilise trois types de lait, celui de la vache, celui de la chèvre et, moins souvent, celui de la brebis.

Dans un menu classique, le fromage arrive en quatrième position, après l'entrée, le plat principal et la salade, juste avant le dessert. Plusieurs types sont alors présentés sur un plateau, on les déguste avec du pain, généralement du plus doux au plus corsé.

gastronomie (*n.f.*) : l'art de bien manger 美食学

élémentaire (*adj.*) : simple, rudimentaire 基本的，简单的

assaisonné, e (*adj.*) : préparé avec une sauce à l'huile et au vinaigre, par exemple 加入调味料的

plateau (*n.m.*) : une assiette, un plat 托盘，盘子

déguster (*v.t.*) : manger, goûter en appréciant 品尝，品味

corsé, e (*adj.*) : fort, qui a beaucoup de goût 浓烈的，醇厚的

注释

1. 卡芒贝尔奶酪（le camembert）是一种以生奶为原料的软质奶酪，源自法国西部诺曼底大区（la Normandie）的卡芒贝尔村（le village de Camembert）。

2. 布里奶酪（le brie）是一种花皮软质奶酪，其名称来自巴黎平原东北部的布里地区（la Brie）。该地区自然条件优越，畜牧业特别发达，布里奶酪是当地最为著名的特产之一，奶香浓郁，口味适中，其中尤以莫城（Meaux）周边出产的为最佳。

3. 康塔尔奶酪（le cantal）是一种压制未熟奶酪，主要产自法国中部原奥弗涅大区（l'Auvergne，现为奥弗涅–罗讷–阿尔卑斯大区，la région Auvergne-Rhône-Alpes）的康塔尔省（le département du Cantal）及其周围地区，略带刺激味道。

4. 罗克福尔奶酪（le roquefort）是一种外观带有绿色霉点的"青纹奶酪"（le fromage bleu），以母绵羊（la brebis）的生奶作为原料，主要产自法国南部阿韦龙省（le département de l'Aveyron）。

5. 原产地命名制度（直译为"原产地命名控制"，Appellation d'Origine Contrôlée，AOC）是法国有关食品和农产品的一种质量管理体系，对本土生产的食品和农产品的产地名称及生产流程进行规范标注，具有法律效力。1935年正式确立，覆盖葡萄酒业、乳制品、粮食产品等多个领域，对于维护葡萄酒、奶酪等法国"拳头产品"的品质和优势地位起到积极的作用。

课后练习

LIRE 精读

1. Combien y a-t-il de sortes de fromages en France ?
2. Qu'est-ce qui accompagne bien le fromage ?
3. Quelle distinction obtiennent certains fromages régionaux ?
4. Avec quelles sortes de lait fait-on le fromage ?
5. À quel moment mange-t-on le fromage dans un repas ?
6. Dans quel ordre mange-t-on plusieurs fromages ?

PARLER 讨论

1. Citez les pays réputés pour leurs fromages dans le monde.
2. Dites ce que vous pensez de ces opinions :
    - Le fromage, ça sent vraiment mauvais.
    - Le fromage, c'est trop riche et difficile à digérer.
    - Le fromage avec du pain, c'est idéal pour un repas.

RECHERCHER 探索

1. Les types de fromages et les régions où ils sont fabriqués.
2. Le principe de fabrication du fromage.
3. La signification de l'expression : « En faire tout un fromage ».

Macarons

马卡龙

L'une des pâtisseries françaises les plus célèbres produit un curieux effet : si tout le monde est d'accord sur son goût et sa texture, il est beaucoup plus délicat de dire à quoi elle ressemble. Un macaron est sucré, croquant et fondant, il a un joli parfum d'amande, un cœur délicieusement tendre, mais quelle est sa forme, quelle est sa couleur ?

On fabrique des macarons un peu partout en France et, même si les ingrédients restent toujours plus ou moins les mêmes, chaque région lui a donné une personnalité particulière. Il faut de la poudre d'amande, des blancs d'œufs et du sucre pour faire des macarons, mais sur cette base, il existe des variations infinies. Près de Nancy[1], le macaron de Boulay est rugueux et craquelé ; à Amiens[2], c'est une petite galette épaisse ; le macaron de Montmorillon[3], dans le sud-ouest, ressemble à une petite quiche ; dans le Pays basque[4], il est rond et lisse...

Le macaron dit « parisien » est le plus surprenant, il est composé de deux coques bombées entre lesquelles est fourrée une « ganache ». Leur petite collerette fait très chic, mais c'est surtout leurs couleurs vives et leurs saveurs qui séduisent : pistache, chocolat, café, vanille, framboise, noix de coco, menthe, citron, thé vert et bien d'autres... Les macarons sont très tendance aujourd'hui, ils ont leur fête le 20 mars[5], jour du printemps, et un joaillier de la capitale s'est même inspiré de ces délicieuses mignardises pour créer une collection de bijoux.

词汇

goût (*n.m.*) : la saveur 味道

croquant, e (*adj.*) : croustillant, qui craque sous les dents 脆的

fondant, e (*adj.*) : moelleux, qui fond dans la bouche 柔软的，易溶于口的

rugueux, se (*adj.*) : qui n'a pas une forme régulière 粗糙的，凹凸不平的

coque bombée (*n.f.*) : une enveloppe fine et gonflée 鼓起的薄外壳

collerette (*n.f.*) : une bordure en forme de dentelle 环状花边

être tendance : être en vogue, à la mode 时髦，流行

mignardise (*n.f.*) : une sucrerie, une gourmandise 小甜点（配餐后咖啡）

注释

1. 南锡（Nancy）：法国东北部城市，洛林（la Lorraine）地区的重要经济、文化中心。
2. 亚眠（Amiens）：法国北部城市，索姆河（la Somme）流域的工商业重镇。
3. 蒙莫里永（Montmorillon）：法国中西部小城，属新阿基坦大区（la région Nouvelle-Aquitaine）。
4. 巴斯克地区（le Pays basque）：位于法国西南部的比利牛斯山脉，跨越法国和西班牙两国，因居住在此地的古代民族巴斯克人（les Basques）得名。
5. 2005年，在法国顶级糕点师和马卡龙制作高手皮埃尔·艾尔梅（Pierre Hermé, 1961— ）的大力推动下，"马卡龙日"（Jour du Macaron）应运而生。如今该活动已从法国扩展至德国、比利时、瑞士、卢森堡、英国、美国等地，成为马卡龙爱好者们的盛大节日。

课后练习

LIRE 精读

1. Qu'est-ce qu'un macaron ?
2. Quels adjectifs qualifient le mieux la texture d'un macaron ?
3. Avec quoi prépare-t-on des macarons ?
4. Pourquoi trouve-t-on des macarons de formes différentes en France ?
5. Quelles sont les caractéristiques du macaron « parisien » ?
6. Comment s'appelle la crème qu'on trouve au cœur du macaron « parisien » ?
7. Quels types de parfum sont utilisés pour les macarons ?
8. Quel est le jour des macarons en France ?

PARLER 讨论

1. Dites à quel moment on mange des pâtisseries, à quelles occasions.
2. Présentez votre pâtisserie préférée et ses qualités.
3. Commentez cette opinion de Jean-Jacques Rousseau : « La viande n'est pas un aliment fait pour les humains car les enfants préfèrent spontanément les produits à base de lait et les pâtisseries » (*Émile ou de l'Éducation*, 1762).

RECHERCHER 探索

1. Le prix des macarons, les endroits où l'on en achète.
2. Le joaillier parisien qui s'est inspiré des macarons pour créer des bijoux.

Perrier

巴黎水

L'eau de Perrier, eau minérale pétillante composée de gaz carbonique naturel, est mise en bouteille à Vergèze[1], dans le Gard. Lancée en 1903 par Sir John Harmsworth[2], homme d'affaires britannique qui avait racheté l'exploitation de la source à son propriétaire Louis Perrier[3], on surnommait cette eau le « champagne des eaux de table ». Sa bouteille caractéristique en forme de quille lui donne un air sympathique et généreux.

Très désaltérante, l'eau de Perrier accompagne tous les plats, elle se consomme à tous moments, elle remplace l'alcool pour ceux qui n'en boivent pas, elle est la solution idéale pour ceux qui ne savent pas quoi commander au café ou qui ont un estomac à soigner[4].

Près d'un milliard de bouteilles de Perrier sont vendues chaque année dans le monde. La marque a toujours suivi une politique promotionnelle dynamique et créative ; le slogan publicitaire le plus célèbre a été inventé en 1976 : « Perrier c'est fou » !

pétillant, e (*adj.*) : effervescent, qui contient des bulles 起泡的

britannique (*adj.*) : qui se rapporte à la Grande-Bretagne 英国的，英国人的

surnommer (*v.t.*) : donner un autre nom 给……另起名字

quille (*n.f.*) : une pièce de bois utilisée comme cible au bowling, par exemple 保龄球的球瓶；细长的酒瓶

désaltérant, e (*adj.*) : qui rafraîchit, qui apaise la soif 解渴的

estomac (*n.m.*) : l'organe de la digestion 胃

soigner (*v.t.*) : prendre soin, faire attention 照顾；细心处理

注释

1. 韦尔热兹（Vergèze）：法国南部加尔省（le Gard）的一座小镇，处在阿尔卑斯山脉的延伸段，矿泉资源丰富，是"巴黎水"（Perrier）的发源地。

2. 约翰·哈姆斯沃思爵士（Sir John Harmsworth, 1876—1933）：英国商人，亲自设计了盛装"巴黎水"的绿色玻璃瓶，为该产品享誉全球作出重大贡献。

3. 路易·佩利耶（Louis Perrier, 1835—1912）：法国医生，致力于矿泉水的药用研究，"巴黎水"的创始人。

4. avoir un estomac à soigner指肠胃敏感的人，饮用咖啡或含酒精的饮料很可能使他们感到不适。而"巴黎水"以天然矿泉水为原料，无刺激性，是这类人的最佳选择。

课后练习

LIRE 精读

1. Dans quelle région est produite l'eau de Perrier ?
2. Depuis quand la marque Perrier existe-t-elle ?
3. Qui est « l'inventeur » de la marque ?
4. Pourquoi peut-on comparer l'eau de Perrier au champagne ?
5. À quoi ressemble une bouteille de Perrier ?

6. Qui aime boire du Perrier ?
7. Quel est le nombre de bouteilles de Perrier vendues par an ?
8. Quelle image la marque veut-elle promouvoir ?

PARLER 讨论
1. Citez des boissons non-alcoolisées de réputation mondiale.
2. Imaginez un slogan publicitaire pour une eau minérale gazeuse.

RECHERCHER 探索
1. Une publicité de la marque Perrier.
2. Le sens de l'expression : « Il y a de l'eau dans le gaz ».

Soupe à l'oignon 洋葱汤

B1

Plus qu'une simple recette de cuisine, la soupe à l'oignon en France est associée à une tradition, celle du « souper[1] », ce repas léger que l'on prend en fin de soirée, après un spectacle au théâtre, un film au cinéma, un concert ou une fête entre amis. Il a été un temps aussi où les « Forts des Halles[2] », après une dure nuit au travail dans le « ventre de Paris » (Émile Zola[3]), s'arrêtaient à l'aube dans un café pour se requinquer avec une soupe à l'oignon avant d'aller se coucher.

L'oignon est un légume cultivé partout dans le monde depuis plusieurs millénaires, les Égyptiens lui vouaient un culte et les Grecs en consommaient avant le combat. L'oignon est bien sûr apprécié pour la saveur qu'il apporte aux salades ou à la cuisson des plats mais il est également réputé pour ses vertus thérapeutiques. Il prévient en effet les infections et il élimine les toxines du sang[4]. Le cataplasme à l'oignon est un remède traditionnel à l'action purifiante, il suffit de le placer sur la poitrine pendant vingt minutes pour se débarrasser d'un rhume.

La soupe à l'oignon est servie bouillante avec des croûtons de pain couverts de fromage fondu. C'est aussi la soupe idéale pour se réchauffer les soirs d'hiver.

词汇

« Forts des Halles » : nom donné autrefois aux travailleurs du marché de nuit <旧>夜市劳工

aube (*n.f.*) : très tôt le matin, au lever du jour 拂晓，黎明

se requinquer (*v.pr.*) : se réconforter, se revigorer, se stimuler <俗>恢复体力或精力

vouer un culte : adorer, glorifier (une divinité) 信奉，崇拜（某种信仰或宗教）

saveur (*n.f.*) : le goût 味道

vertu (*n.f.*) : une propriété, une qualité, une aptitude 功效，效能

prévenir (*v.t.*) : empêcher, défendre 预防，防治

cataplasme (*n.m.*) : une préparation à base de farine qu'on applique sur la peau 糊剂，药膏

se débarrasser (*v.pr.*) : vaincre, calmer, guérir 摆脱（病痛），痊愈

croûton de pain (*n.m.*) : des morceaux de pain dur 小块面包干

注释

1. 法语中le souper一词原指晚餐，le déjeuner和le dîner分别指早餐和午餐。随着时代变迁，法语本身也不断发生变化。如今，"一日三餐"的用词分别是le petit déjeuner、le déjeuner和le dîner，而le souper则"后退"至宵夜。但在比利时、瑞士和加拿大的魁北克，该词依然作为"晚餐"使用。

2. 中央菜市场（les Halles centrales）位于巴黎市中心的第1区，自公元12世纪起就成为远近闻名的生鲜食品交易中心，les Forts des Halles指的是当年在这里搬运货物的工人。20世纪70年代，该市场被改造为一座高度现代化的综合性商业中心——"中央菜市场"广场（le Forum des Halles），是巴黎客流最为集中的购物场所之一。

3. 埃米尔·左拉（Émile Zola，1840 – 1902）：法国19世纪著名作家，自然主义文学（le naturalisme）的领军人物，代表作品为长篇小说

35

《卢贡–马卡尔家族》（*Les Rougon-Macquart*）。"巴黎之腹"
（le ventre de Paris）的说法来自于左拉的小说《巴黎之腹》，其
故事情节大多发生在巴黎中央菜市场内。

4. 由于洋葱具有一定的防病杀菌、净化血管（prévenir les infections
et éliminer les toxines du sang）的功效，从古至今，其药用价值
（les vertus thérapeutiques）一直为人们津津乐道。

课后练习

LIRE 精读

1. La soupe à l'oignon se déguste à quel moment ?
2. Comment appelait-on les hommes qui travaillaient au grand
   marché de nuit de Paris ?
3. Pourquoi prenaient-ils une soupe à l'oignon au petit matin ?
4. Comment utilise-t-on l'oignon en cuisine ?
5. Quelles sont les qualités médicinales de l'oignon ?
6. Comment mange-t-on la soupe à l'oignon ?
7. À quelle saison cette soupe est très appréciée ?

PARLER 讨论

1. Nommez et présentez des plats, des recettes qui donnent des
   forces, de l'énergie.
2. Citez les propriétés médicinales de certains légumes, de
   certaines plantes, leurs bienfaits sur la santé.

RECHERCHER 探索

1. La recette de la soupe à l'oignon.
2. La manière dont on doit couper les oignons pour ne pas avoir
   les larmes aux yeux.
3. Le sens de l'expression : « Mêle-toi de tes oignons ».

Truffes

松露

Brillat-Savarin, auteur de la *Physiologie du Goût* (1825)[1], qualifiait la truffe de diamant de la cuisine. Depuis le Moyen-Âge en France, on connaît en effet ce champignon qui pousse sous la terre, mêlé aux racines de certains arbres. On ramasse les truffes à la fin de l'automne ou en hiver, avec un chien truffier ou un cochon qui sait les trouver par l'odeur[2], ou même à l'aide de certaines mouches qui les adorent.

La plupart des truffes françaises viennent de Provence[3], mais c'est la truffe noire, aussi appelée truffe du Périgord[4], qui est la plus recherchée pour son parfum très riche. On trouve également des truffes en Italie et en Espagne, ainsi qu'en Chine, aux pieds de l'Himalaya.

Tout comme les diamants, les truffes ont un prix : celles du Périgord valent de cinq cents à mille euros le kilo. Une truffe pèse entre vingt et cent grammes, mais on en trouve parfois qui pèsent plus d'une livre !

La saveur délicate de la truffe se marie bien aux mets de viandes, de gibier en particulier, ou aux pâtés de foie gras, une autre spécialité du Périgord. La recette de l'omelette aux truffes est simple : on conserve pendant 24 heures une truffe avec quelques œufs frais, le parfum de la truffe sera alors capté par les œufs et merveilleusement rendu pendant la cuisson.

pousser (*v.i.*) : croître, grandir （植物）生长

racine (*n.f.*) : la base d'un arbre, enfouie sous la terre 根部

ramasser (*v.t.*) : cueillir, récolter 采集，收集

plupart (*n.f.*) : la majorité 大部分，大多数

peser (*v.i.*) : mesurer en poids 重（若干）

livre (*n.f.*) : mesure de poids égale à la moitié d'un kilo (500 grammes) 半公斤

saveur (*n.f.*) : le goût 味道，滋味

mets (*n.m.*) : un plat, une recette 菜肴，菜品

gibier (*n.m.*) : les animaux sauvages, pris à la chasse 野味

cuisson (*n.f.*) : le processus de cuire un aliment 烹煮

注释

1. 布里亚–萨瓦兰（Jean Anthelme Brillat-Savarin，1755—1826）所撰写的《味觉生理学》（*Physiologie du goût*，中文版书名为《厨房里的哲学家》）是法国美食研究的经典著作。

2. 法国有利用公猪（un cochon）搜寻松露的传统，但由于公猪十分贪吃，经常会把找到的松露直接吃掉，所以人们越来越依赖训练有素的松露猎狗（un chien truffier）来寻找松露。

3. 普罗旺斯（la Provence）：法国旧省名，位于东南部阿尔卑斯山脉和地中海之间，是世界主要松露产区之一。

4. 佩里戈尔（Périgord）是旧地名，位于法国西南部，所在区域基本与今天的多尔多涅省（le département de la Dordogne）相同，是一个历史文化遗产相当丰富的地区。

课后练习

LIRE 精读

1. Qu'est-ce qu'une truffe ?
2. Où est-ce qu'on trouve des truffes ?
3. Comment est-ce qu'on cueille les truffes ?

À quelle époque de l'année ?

4. Les truffes poussent dans quelles régions de France et du monde ?
5. Quelle est la plus prestigieuse des truffes ?
6. Quel est le poids d'une truffe moyenne ?
7. Combien peut coûter une truffe de 100 grammes ?
8. Avec quoi mange-t-on des truffes ?

PARLER 讨论

1. Citez des produits alimentaires dans le monde qui coûtent cher.
2. Débattez les propositions suivantes :
   - Payer très cher pour des produits alimentaires n'est pas raisonnable.
   - Il est tout à fait normal de dépenser beaucoup pour des produits rares.

RECHERCHER 探索

1. Une ou deux recettes à base de truffes.
2. Des champignons comestibles ; des champignons non comestibles.
3. Le sens de l'expression : « Pousser comme un champignon ».

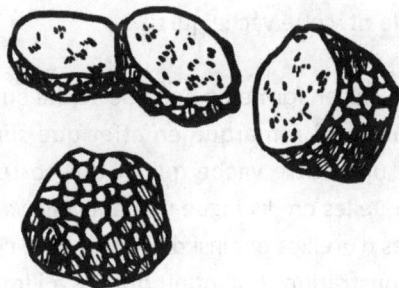

Vache qui rit

乐芝牛

Le logo universellement connu de la société Bel[1] a intrigué des générations d'enfants. Cette tête hilare d'une vache sympathique dessinée par Benjamin Rabier[2] est omniprésente depuis 1921 sur les tables, dans les réfrigérateurs, sur les voitures de livraison, dans les épiceries et les supermarchés. Depuis 2009, on peut aussi visiter la Maison de la Vache qui rit[3] à Lons-le-Saunier (Jura)[4].

Apparemment, la Vache qui rit c'est seulement un fromage fondant présenté en portions préemballées qu'on « tartine » sur des tranches de pain. Mais ce n'est pas tout : de même qu'on ne sait pas pourquoi un cercle n'a pas de côtés, on ne sait pas non plus pourquoi elle rit, cette vache qui rit...

Ses boucles d'oreilles en forme de boîte de Vache qui rit sont aussi très énigmatiques : on remarque en effet que sur ces boucles d'oreilles, il y a une autre vache qui rit qui porte des boucles d'oreilles sur lesquelles on distingue une nouvelle vache qui rit qui porte des boucles d'oreilles et ainsi de suite... Bref, cette vache qui rit est une démonstration de l'infini, offerte à l'imagination des enfants.

词汇

intriguer (*v.t.*) : intéresser, fasciner 使产生兴趣，激起好奇心

hilare (*adj.*) : joyeux, heureux, qui rit 快乐的，快活的

omniprésent, e (*adj.*) : présent partout, tout le temps 无处不在的

livraison (*n.f.*) : le transport 运送，送货

fondant, e (*adj.*) : qui est mou, tendre 柔软的，易溶于口的

préemballé, e (*adj.*) : enveloppé 有包装的

tartiner (*v.t.*) : étaler sur du pain （在面包片上）涂抹

ainsi de suite : *et caetera*, qui continue indéfiniment 就这样一直继续下去

注释

1. 贝勒公司（la société Bel）1865年诞生于法国的汝拉山区（le Jura），创始人是奶酪制造商朱尔·贝勒（Jules Bel，1842—1904）。1921年朱尔的儿子莱昂·贝勒（Léon Bel, 1878—1957）正式注册建立"贝勒公司"，如今贝勒集团（le groupe Bel）已经成为世界知名的食品和乳制品制造企业，分支机构遍布120多个国家。

2. 邦雅曼·拉比耶（Benjamin Rabier，1864—1939）：法国儿童文学作家和连环画家，"乐芝牛"这一经典形象的绘制者。

3. "乐芝牛之家"（la Maison de la Vache qui rit）是隆勒索涅城（参见注释4）中最为著名的旅游景点之一，由莱昂·贝勒于1923年创建。

4. 隆勒索涅（Lons-le-Saunier）：法国东部城市，汝拉省（le département du Jura）的省会。

课后练习

LIRE 精读

1. Depuis quand la Vache qui rit existe-t-elle ?
2. Qu'est-ce qu'il y a dans une boîte de Vache qui rit ?
3. Qu'est-ce qui est représenté sur le logo de ce produit ?

4. Quel lien peut-on faire entre une vache et le produit ?
5. Comment mange-t-on la Vache qui rit ?
6. Qu'y a-t-il de mystérieux dans la présentation de ce produit ?
7. À qui ce produit est-il destiné ?

PARLER 讨论

1. Citez des produits alimentaires aussi célèbres que la Vache qui rit. Ont-ils des caractéristiques communes ?
2. Décrivez des méthodes publicitaires pour attirer les jeunes consommateurs.

RECHERCHER 探索

1. Une recette à la Vache qui rit.
2. D'autres produits de la société Bel.
3. Dans quelles circonstances dit-on d'une personne qu'elle est une « vache à lait » ?

A2

Vins et eaux

佳酿与甘泉

En France, les vignobles sont surtout situés dans la partie sud du pays, à l'exception du champagne et des vins d'Alsace, qui sont produits dans le nord-est. Les régions viticoles les plus célèbres sont la Bourgogne[①] et le Bordelais[②], où l'on cultive la vigne depuis plus de deux mille ans. Mais d'excellents vins sont produits dans la vallée du Rhône[③], en Provence[④], dans le Languedoc et Roussillon[⑤], la vallée de la Loire[⑥], l'Anjou[⑦].

Les vins ont une personnalité, un corps, un esprit. Un vin est le résultat d'une alchimie complexe entre le climat, la terre et le travail du vigneron après la cueillette du raisin au moment des vendanges[⑧], généralement en septembre. Le temps fait le reste. Un bordeaux est meilleur après quelques années, il est plus robuste et ses parfums se sont développés. Le bourgogne vieillit moins bien, mais il est acide s'il est trop jeune. Le beaujolais doit être bu rapidement, dans les mois qui suivent sa fabrication.

Le vin, c'est également un subtil mariage avec les mets : le vin blanc convient mieux en général au poisson et à la volaille, le rouge se marie bien avec les viandes et le fromage. Au cours d'un repas, plusieurs vins différents peuvent être servis.

Depuis une trentaine d'années, la consommation de vin en France a fortement baissé. En fait, la boisson préférée des Français est l'eau. La France est l'un des premiers producteurs du monde d'eaux minérales et chaque Français en consomme en moyenne plus de 200 litres par an.

词汇

vignoble (*n.m.*) : un champ de vignes 葡萄园，葡萄种植区

viticole (*adj.*) : qui a un rapport avec la production de vin 葡萄酒酿造的

vigne (*n.f.*) : un petit arbre, un arbrisseau qui produit le raisin 葡萄树

vigneron (*n.m.*) : la personne qui fabrique le vin 葡萄酒酿造者

cueillette (*n.f.*) : la récolte 采摘，收获

vendanges (*n.f.pl.*) : la période de la récolte du raisin 葡萄收获季节

volaille (*n.f.*) : les oiseaux comestibles : poules, canards, oies, etc. 家禽

baisser (*v.i.*) : diminuer, décroître 降低，减少

注释

1. 勃艮第大区（la Bourgogne）位于法国东部，该地区遍布葡萄园，整个大区自北向南共分为五大产区，盛产各类葡萄酒。

2. 波尔多（Bordeaux）是法国西南部的中心城市和大西洋沿岸重要的港口，以波尔多为核心的葡萄酒酿造生产地区（le Bordelais）是世界顶级葡萄酒产区之一。

3. 罗讷河（le Rhône）是法国主要河流之一，流域覆盖以里昂为中心的南部多个省份，罗讷河谷（la vallée du Rhône）地区经济发达，同时也是法国主要葡萄酒产区之一。

4. 普罗旺斯（la Provence）：法国旧省名，位于东南部阿尔卑斯山脉和地中海之间。该地区出产的粉红葡萄酒（le vin rosé）品质绝佳。

5. 朗格多克–鲁西永（le Languedoc et Roussillon）：原为法国东南部大区，现为奥克西塔尼大区（l'Occitanie）的一部分，其葡萄酒具有独特的南方风味。

6. 卢瓦尔河（la Loire）：法国最长的河流，位于法国中部，全长

1000多公里，沿岸风光旖旎，古堡林立，具有深厚的历史文化底蕴。

7. 安茹（l'Anjou）：法国西北部重要的历史文化区和葡萄酒产区，历史上曾长期受英国国王统治，1481年正式归属法兰西王国。

8. 法国各地的葡萄收获季（les vendanges）根据产区的位置不同而有所差异，每年从七月开始，持续至十月中下旬。

课后练习

LIRE 精读

1. Dans quelles parties de France trouve-t-on des vignobles ?
2. D'où viennent les vins les plus fameux du pays ?
3. À quelle époque récolte-t-on le raisin ?
4. Quel vin s'améliore avec le temps ?
5. Quel vin se consomme très « jeune » ?
6. Quels plats le vin rouge peut-il accompagner ? Et le blanc ?
7. Quelle est la situation de la consommation de vin en France ?
8. Quelle est la boisson favorite en France ?

PARLER 讨论

1. Citez des régions du monde où l'on produit du vin.
2. Nommez des pays producteurs d'eau minérale.
3. Débattez les propositions suivantes :
   - L'eau du robinet est aussi bonne que l'eau minérale.
   - Boire du vin avec modération est bon pour la santé.

RECHERCHER 探索

1. Des vignobles célèbres dans le Bordelais. Et le nom de quelques vins de la région de Bourgogne.
2. Des sources d'eau minérale en France.
3. Le sens de l'expression : « Mettre de l'eau dans son vin ».

POUR FAIRE LE POINT 单元小结

De quelles icônes s'agit-il ? 猜一猜

1. On en mange peu en France mais ils définissent pourtant la cuisine nationale.
2. Avec 400 variétés en France, on a vraiment l'embarras du choix !
3. On en trouve au pied des arbres, elles sentent très bon et valent très cher !
4. Sans lui, il est difficile d'imaginer une fête ou une célébration.
5. Si vous vous sentez fatigué(e) vers une heure du matin, c'est ce qu'il vous faut.
6. Elle a de jolies boucles d'oreilles, elle est sympathique et les enfants l'adorent.
7. Voilà le couple idéal pour un petit déjeuner, avec le journal en plus.
8. On célèbre son arrivée dans le monde entier au mois de novembre.
9. C'est excellent pour ouvrir l'appétit, pour retrouver des amis et bavarder.
10. C'est une boisson qui pétille, on peut en boire autant qu'on veut même si on conduit.
11. Il y en a de toutes les couleurs, ils ont un joli goût d'amande et ils fondent dans la bouche comme un songe passager.

参考答案在本书 p. 286

Célébrités
名人

B1	Abbé Pierre	皮埃尔神父
B1	Brigitte Bardot	碧姬·芭铎
B1	Belmondo et Delon	贝尔蒙多与德龙
B1	Les Bleus	蓝队
B1	Coco Chanel	可可·香奈儿
B1	Coluche	科吕什
B1	Catherine Deneuve	卡特琳·德纳芙
B2	Serge Gainsbourg	塞尔日·甘斯堡
B1	Yannick Noah	雅尼克·诺阿
B1	Édith Piaf	艾迪特·皮雅芙
B1	Yves Saint Laurent	伊夫·圣洛朗
B1	Philippe Starck	菲利普·斯塔克
	Pour faire le point	单元小结

Abbé Pierre

皮埃尔神父

Ce petit monsieur en pèlerine noire et à barbe blanche reste l'une des personnalités les plus respectées en France aujourd'hui. L'abbé Pierre a défendu toute sa vie les pauvres de manière énergique et concrète, illustrant ainsi ses propres paroles : « Vivre, c'est apprendre à aimer »[1].

Né à Lyon en 1912, Henri-Antoine Grouès[2] a été ordonné prêtre en 1938. Son surnom Pierre lui vient de la période de son engagement dans la Résistance, de 1942 à 1944. À partir de 1949, il fonde la communauté d'Emmaüs[3], une association laïque composée d'hommes et de femmes – les « chiffonniers » – qui récupèrent, réparent et revendent de vieux meubles pour financer la construction d'abris pour les sans-logis.

L'abbé Pierre devient soudain célèbre durant le terrible hiver de 1954[4] lorsqu'il parle aux Français à la radio pour leur demander de donner généreusement pour ceux qui meurent de froid dans la rue. Son appel est largement entendu et, depuis, la communauté d'Emmaüs n'a pas cessé de grandir ; elle emploie aujourd'hui 4 000 « compagnons » répartis dans trente pays.

L'abbé Pierre, Grand'Croix de l'Ordre de la Légion d'honneur[5], la plus haute distinction française, a été un infatigable combattant de l'injustice et des inégalités, il intervenait sans cesse avec conviction et sincérité dans tous les débats sur la misère et la pauvreté. Il est mort en janvier 2007, il avait 94 ans.

词汇

pèlerine (*n.f.*) : un manteau de pèlerin, de prêtre （教士穿的）披风，斗篷

pauvre (*n.*) : sans ressources, sans argent 穷人

illustrer (*v.t.*) : donner pour exemple 阐明，（举例）说明

parole (*n.f.*) : un mot, un propos 话语

être ordonné : recevoir un titre, une fonction 被授予圣职

laïque (*adj.*) : non religieux, séculier 世俗的，非教会的

abri (*n.m.*) : un lien protégé, un refuge 庇护所

sans-logis (*n.inv.*) : personne sans domicile, sans logement 无家可归者

réparti, e (*adj.*) : distribué 被分配的

intervenir (*v.i.*) : prendre part, participer 介入，参与

注释

1. 皮埃尔神父一生践行博爱理念，他的许多名言都劝导人们向善、互爱，"Vivre, c'est apprendre à aimer."（活着，就是学习如何去爱）就是其中一句。皮埃尔神父的墓志铭也与"爱"有关："Il a essayé d'aimer."（他曾努力去爱）。

2. 皮埃尔神父原名"亨利–安托万·格鲁埃"（Henri-Antoine Grouès，1912—2007），他对于第二次世界大战期间法国维希政权的卖国行径深恶痛绝，加入了抵抗运动（la Résistance），化名为"皮埃尔神父"，庇护遭受纳粹和维希政权追捕的犹太人，帮助爱国青年躲入山区密林成立游击队（le maquis），他本人也是阿尔卑斯山脉西麓游击队组织的领导人之一。

3. 1949年，皮埃尔神父在巴黎以东10多公里处的小镇购置了一套房产，随即将其改建成一座收容所（une auberge de jeunesse），命名为"以马忤斯"（Emmaüs）。该收容所为任何有困难的人提供帮助，不论其国籍或宗教信仰。1954年，"以马忤斯协会"（l'association Emmaüs）正式成立，如今其下属机构（les communautés Emmaüs）遍及40多个国家和地区。"以马忤斯"是《路加福音》中记载的耶稣复活后所到的一座小镇的名字。

4. 1954年初，法国遭遇严寒袭击，大批无家可归者被冻伤、冻死，为此皮埃尔神父发表演说（Appel de l'abbé Pierre），呼吁社会各界参与救助行动，皮埃尔神父的这一号召得到了法国举国上下的一致响应。法国导演德尼·阿马尔（Denis Amar）以此为题材于1989年拍摄了一部名为《54年寒冬，皮埃尔神父》（*Hiver 54, l'abbé Pierre*）的电影，真实再现了那段悲惨却又感人的历史。

5. 荣誉军团勋章（la Légion d'honneur）是法国政府向为法兰西共和国作出重大贡献的各界人士颁发的最高荣誉。该荣誉勋章的最高等级为"大十字"（Grand'Croix）。关于"荣誉军团勋章"的更多信息，请参见本书p.117。

课后练习

LIRE 精读

1. Qui est l'abbé Pierre ? Quel est son vrai nom ?
2. Quelle est l'origine de son nom « Pierre » ?
3. Quelle était la mission de l'abbé Pierre ?
4. Quelle organisation a-t-il créée ? Dans quel but ?
5. Cette organisation est-elle limitée au territoire français ?
6. Comment a-t-il connu la notoriété ?
7. Quelle décoration officielle a-t-il reçue ?
8. Quand a-t-il disparu ?

PARLER 讨论

1. Commentez la phrase de l'abbé Pierre : « Vivre, c'est apprendre à aimer ».
2. Que pensez-vous de cette autre citation de l'abbé Pierre : « Il ne faut pas faire la guerre aux pauvres, mais à la pauvreté » ?
3. Donnez votre définition de la misère, citez des exemples.

RECHERCHER 探索

1. Les titres des ouvrages écrits par l'abbé Pierre.
2. Des organisations dans le monde qui poursuivent une action comparable à celle de l'abbé Pierre.

Brigitte Bardot[①] 碧姬·芭铎

On pense aujourd'hui à Brigitte Bardot avec un mélange d'ironie, d'admiration, d'irritation et d'amusement. Sa carrière d'actrice dans les années cinquante et soixante symbolise une époque idéale et révolue, lorsqu'en France on savourait l'atmosphère optimiste de l'après-guerre[②], avec insouciance et joie de vivre.

Sa beauté légendaire est révélée au monde entier en 1956 par le film de Roger Vadim[③] *Et Dieu créa la femme*. Mais Bardot cultivait aussi une ingénuité, un air rebelle que toute jeune fille voulait imiter. Femme-enfant insoumise, libre et audacieuse, BB incarnait les exigences des femmes, leur désir d'émancipation. Le grand moment de BB au cinéma a lieu en 1963 lorsqu'elle apparaît avec Jack Palance[④] dans *Le mépris* de Jean-Luc Godard.[⑤]

Idole française globale, le buste de BB représentant Marianne[⑥], symbole de la République, a trôné au cours des années soixante dans toutes les mairies du pays. BB a joué dans 50 films et enregistré des dizaines de chansons, dont la fameuse *Harley Davidson*, écrite par Serge Gainsbourg[⑦]. En 1974, à l'âge de 39 ans, elle décide d'arrêter le cinéma et se retire dans sa propriété de Saint-Tropez, sur la Côte d'Azur.

Sans quitter l'attention des médias, BB s'est alors totalement dévouée à la défense des animaux, elle a refusé en 1985 la Légion d'honneur[⑧] que lui offrait François Mitterrand[⑨], provoqué des scandales à la suite de déclarations controversées et rédigé plusieurs volumes de mémoires. Une exposition rétrospective a été consacrée à BB en 2009, à l'occasion de ses 75 ans.

词汇

irritation (*n.f.*) : l'impatience, l'agacement 恼怒，生气

révolu, e (*adj.*) : qui est passé, fini 过去的，结束的

savourer (*v.t.*) : prendre plaisir, se réjouir de quelque chose 享受

insouciance (*n.f.*) : qui n'a pas de souci, d'inquiétude 无忧无虑

ingénuité (*n.f.*) : l'innocence, la candeur, la pureté 天真，纯朴

incarner (*v.t.*) : représenter, symboliser, illustrer 表现，使具体化

exigence (*n.f.*) : demande, revendication （强烈的）要求

émancipation (*n.f.*) : la libération 解放，获得自由

trôner (*v.i.*) : être posé, placé 处在引人注目的地方

mairie (*n.f.*) : le bâtiment officiel de l'administration municipale 市政厅

rédiger (*v.t.*) : écrire 撰写

consacrer (*v.t.*) : dédier 奉献，把……献给

注释

1. 碧姬·芭铎（Brigitte Bardot，1934—　）：法国著名演员、模特和歌手，1952年初登银幕，在喜剧影片《诺曼底苹果酒客栈》（*Le Trou normand*）中扮演女配角，以美貌和性感逐步成为欧洲流行时尚的代言人，另外她还长期致力于女权运动和动物保护运动。在法国，人们称芭铎为"BB"，这个称呼恰好是法语中"宝贝"（bébé）的谐音。

2. 此处"战后的乐观气氛"（l'atmosphère optimiste de l'après-guerre）指第二次世界大战结束后，法国及西欧逐步从战争的创伤中恢复，当时经济发展，社会安定，文化生活日渐活跃。

3. 罗杰·瓦迪姆（Roger Vadim，1928—2000）：法国导演、编剧、

演员和小说家，芭铎的首任丈夫。1949年，年仅15岁的芭铎登上著名时装杂志《她》（*ELLE*）的封面，瓦迪姆对她一见钟情，两人迅速坠入爱河并于3年后结婚。1956年，芭铎担当了瓦迪姆导演的第一部电影《上帝创造女人》（*Et Dieu créa la femme*）的女主角。

4. 杰克·帕兰斯（Jack Palance, 1919— ）：乌克兰裔美国演员。

5. 让–吕克·戈达尔（Jean-Luc Godard, 1930— ）：法国当代著名导演、演员、电影评论家和理论家，电影"新浪潮运动"（la Nouvelle Vague）的主要代表人物之一。

6. 1968年，经过法国各大小城镇的市长投票选举，碧姬·芭铎获得当年玛丽安娜（Marianne）形象代言人的殊荣。关于"玛丽安娜"的更多信息，请参见本书p.124。

7. 塞尔日·甘斯堡（Serge Gainsbourg, 1928—1991）：法国具有传奇色彩的词曲作家、歌唱家和电影导演兼演员，音乐风格富于变化，银幕形象多为饱受欺凌却始终具有反抗精神的硬汉。关于"塞尔日·甘斯堡"的更多信息，请参见本书p.71。

8. 1985年，法国政府宣布授予芭铎荣誉军团勋章（la Légion d'honneur）的骑士勋位，但芭铎拒绝接受这一荣誉，以此表达对政府默许虐待动物的不满。关于"荣誉军团勋章"的更多信息，请参见本书p.117。

9. 弗朗索瓦·密特朗（François Mitterrand, 1916—1996）：法国政治家，社会党领袖，1981年至1995年期间任法国总统。

课后练习

LIRE 精读

1. À quelle période Brigitte Bardot a-t-elle débuté sa carrière ?
2. Quel était le climat général en France à ce moment-là ?
3. Quel est le surnom de Brigitte Bardot ?
4. Quel film l'a rendue célèbre mondialement ?
5. Comment s'explique le succès de Brigitte Bardot ?
6. Quel est le lien entre Marianne et Brigitte Bardot ?
7. Parallèlement au cinéma, quelle activité artistique poursuivait-elle ?
8. Que fait Brigitte Bardot depuis qu'elle a mis fin à sa carrière ?

9. Quel hommage officiel Brigitte Bardot n'a pas voulu recevoir ?

PARLER 讨论

1. Citez des actrices françaises célèbres aujourd'hui.
2. Quelles autres actrices dans le monde peuvent être comparées à BB ?
3. Commentez cette remarque de BB :
   « La beauté, c'est quelque chose qui peut être séduisant un temps. [...]
   Mais l'intelligence, la profondeur, le talent, la tendresse, c'est bien plus important et ça dure beaucoup plus longtemps » (*Empreintes*, 2007).

RECHERCHER 探索

1. Des films avec Brigitte Bardot, les rôles qu'elle a joués.
2. Des informations sur les activités de la Fondation Brigitte Bardot.

Belmondo et Delon
贝尔蒙多与德龙

Il existe dans l'histoire du cinéma français quelques duos célèbres, formés par des couples d'acteurs ou d'actrices qui ont marqué la mémoire collective : c'est le cas de Bourvil[①] et de Louis de Funès[②] dans *La Grande Vadrouille*[③] (1966), mais aussi d'Alain Delon[④] et de Jean-Paul Belmondo[⑤] dans *Borsalino*[⑥] (1970), un film qui raconte l'histoire de deux gangsters de Marseille dans les années 20.

Un duo réussi est d'abord un duo où les qualités de chaque individualité contribuent au succès et à la force du tandem. En d'autres termes, Delon et Belmondo sont invincibles parce qu'ils sont associés. L'autre dimension essentielle est dans le contraste qui est produit : les deux éléments du couple sont fondamentalement différents, ils ne se ressemblent pas, ils sont même aux antipodes l'un de l'autre, mais ils se complètent merveilleusement pour former un tout.

On ne peut pas en effet imaginer deux personnalités aussi distinctes : Delon est froid, mesuré, mystérieux, de peu de mots et beau garçon ; Belmondo est chaleureux, spontané, franc, séducteur et beau parleur… Malgré toutes ces différences, ce que ces deux hommes ont en commun, c'est leur talent d'acteurs, leur élégance, leur charme. Delon et Belmondo, pendant plusieurs décennies et dans des dizaines de films, ont ainsi incarné au cinéma deux portraits de la masculinité.

词汇

d'abord : premièrement, avant tout 首先，首要

mesuré, e (*adj.*) : calme, pondéré 谨慎的，有节制的

de peu de mots : qui ne parle pas beaucoup 少言寡语地

chaleureux, se (*adj.*) : sympathique, ardent, passionné 热情的，
热烈的

séducteur, trice (*adj.*) : qui séduit, qui charme par son attitude
诱惑人的，吸引人的

beau parleur, se (*n.*) : qui aime séduire par les mots, la parole
能言善辩的人，爱说漂亮话的人

malgré (*prép.*) : en dépit de [exprime l'opposition] 不顾，尽管

décennie (*n.f.*) : une période de dix ans 十年

incarner (*v.t.*) : représenter, illustrer, symboliser 具体化，体现

注释

1. 布尔维尔（Bourvil, 1917—1970）：原名安德烈·兰堡（André Raim-
    bourg），法国著名喜剧演员、歌唱家，多次与菲奈斯（参见注释
    2）搭档，两人是深受观众喜爱的一对（le duo）"开心果"。

2. 路易·德·菲奈斯（Louis de Funès, 1914—1983）：法国20世纪
    极负盛名的演员、喜剧大师。

3. 《虎口脱险》（*La Grande Vadrouille*）：1966年出品的法国喜
    剧电影，由法国著名导演、编剧和演员热拉尔·乌里（Gérard
    Oury）执导，讲述了"二战"期间，巴黎人民为营救英国飞行员而
    与德国纳粹展开周旋的故事。

4. 阿兰·德龙（Alain Delon, 1935—　）：法国当代著名的电影和戏
    剧演员，以冷峻、潇洒的硬汉形象成为无数影迷崇拜的偶像，他
    主演的《黑色郁金香》（*La Tulipe noire*）、《佐罗》（*Zorro*）使
    他成为中国观众最为熟悉的法国电影巨星之一。

5. 让–保罗·贝尔蒙多（Jean-Paul Belmondo, 1933—　）：法国当代
    杰出的电影人之一，兼演员、导演和制片于一身，1960年因主演
    著名导演戈达尔（Jean-Luc Godard）执导的影片《筋疲力尽》（*À
    bout de souffle*）而一举成名。

6. 《江湖龙虎》（*Borsalino*）：1970年出品的法国警匪片，由雅克·德雷（Jacques Deray）执导，阿兰·德龙与让–保罗·贝尔蒙多联袂出演，两位演员在片中成功塑造了两个性格迥异的匪徒形象。

课后练习

LIRE 精读

1. Quels sont les couples d'acteurs français célèbres ?
2. Dans quelle ville française se situe le film *Borsalino* ?
3. À quelle époque ?
4. Quels rôles jouent Delon et Belmondo ?
5. Qu'est-ce qui contribue au succès d'un couple d'acteurs ?
6. Quelles sont les caractéristiques qui distinguent Delon et Belmondo ?
7. Quelles sont les qualités qu'ils partagent ?
8. Qu'est-ce que ces deux acteurs ont représenté pour plusieurs générations de Français ?

PARLER 讨论

1. Citez d'autres exemples de duos célèbres au cinéma.
2. À votre avis, qu'est-ce qui caractérise un bon acteur ?
3. Dites comment les acteurs, les actrices, contribuent à la formation de modèles, de références pour le public.

RECHERCHER 探索

1. Les types de rôle joués par Alain Delon et par Jean-Paul Belmondo dans leurs films.
2. Le film dans lequel Delon et Belmondo se retrouvent aux côtés de Vanessa Paradis.

Les Bleus

 蓝队

Une expression métonymique s'est installée dans la langue française depuis vingt ans, regroupant un certain nombre de sentiments et de significations : « les Bleus », c'est la France et ses sportifs, et plus particulièrement son équipe de football. Ce nom simple, qui se réfère à la couleur des maillots des joueurs et au drapeau national, représente l'unité de la nation, le pays entier dans son effort de conquête et de gloire internationale.

La grande période des « Bleus » se situe entre 1998 et 2000, lorsque l'équipe de France de football remporte successivement la Coupe du Monde[1] et la Coupe d'Europe[2]. La France célébrait alors les victoires d'une équipe composée de joueurs aux couleurs et origines différentes : Marcel Desailly[3] le noir, Didier Deschamps[4] le blanc et Zinédine Zidane[5] le « beur »[6] symbolisaient une France métissée, ouverte sur le monde, enrichie par des talents venus « d'ailleurs ». La France unie n'avait qu'un seul slogan, apolitique et chauvin : « Allez les Bleus ».

Les échecs de 2002 et 2004 en Coupe du Monde et en Coupe d'Europe, le geste malencontreux[7] de Zidane lors de la finale perdue contre les Italiens en 2006 ont terni l'image des « Bleus ». Les Français sont revenus aujourd'hui à plus de modestie et de réalisme, la gloire en sport est une chose difficile à faire durer. Mais les Bleus ont réussi à donner à la France un visage uni dans sa diversité, un succès auquel les politiciens[8] ne peuvent que rêver.

词汇

métonymique (*adj.*) : qui représente une chose par une relation logique 借代的，换喻的

remporter (*v.t.*) : gagner 获得，赢得

beur (*n.m.*) : un enfant né en France de parents immigrés d'Afrique du Nord <俗>在法国出生的北非移民后代

métissé, e (*adj.*) : mélangé, mixte 混血的

ailleurs (*adv.*) : qui n'est pas d'ici, qui est de l'extérieur 在别处，在其他地方

chauvin, e (*adj.*) : patriote, qui admire son pays 沙文主义的

échec (*n.m.*) : une défaite (*contr.* un succès, une victoire) 失败

malencontreux, se (*adj.*) : regrettable, déplaisant 不合时宜的，令人遗憾的

ternir (*v.t.*) : affecter, dégrader, perdre en valeur 损害，败坏

注释

1. 世界杯（la Coupe du Monde）：1928年由时任国际足联（FIFA）主席的法国人雷米（Jules Rimet）倡议创立，1930年首届世界杯在乌拉圭首都蒙得维的亚（Montevideo）举行。

2. 欧洲杯（la Coupe d'Europe）：正式名称为"欧洲足球锦标赛"（le Championnat d'Europe de football），1960年，第一届欧洲杯在法国举行，之后每四年举办一次，因其水平之高，享有"小世界杯"的美誉。

3. 马塞尔·德塞利（Marcel Desailly, 1968— ）：法国著名职业足球运动员，司职中场和后卫，是1998年和2000年为法国夺得世界杯和欧洲杯的主力选手之一。德塞利生于非洲加纳（Ghana），1972年随家人移居法国。

4. 迪迪埃·德尚（Didier Deschamps, 1968— ）：法国著名职业足球运动员，1998年世界杯和2000年欧洲杯时的法国国家足球队队长，后又担任法国国家足球队主教练。

5. 齐内丁·齐达内（Zinédine Zidane, 1972— ）：国际顶尖足球运动员之一，深受法国民众的喜爱与崇拜，法国人亲切地称他为"齐祖"（Zizou）。2006年退役后担任足球教练。齐达内出生于

法国马赛的一个阿尔及利亚移民家庭。

6. 法语中beur一词产生于20世纪80年代，指从北非的阿尔及利亚
（l'Algérie）、突尼斯（la Tunisie）、摩洛哥（le Maroc）等马格
里布（le Maghreb）国家迁居法国的阿拉伯移民的后代，即"第
二代移民"。从构词法角度分析，这个词是法语中"阿拉伯的"
（arabe）一词的音节倒置词。

7. 此处"不合时宜的举动"（le geste malencontreux）指的是2006年
7月9日，在柏林举办的第18届世界杯法国对阵意大利的决赛中，
齐达内因故意用头撞击意大利球员而被裁判红牌罚下的事件。

8. 法语中politicien, ne意为"政客"，多含贬义，而通常所说的"政
治家"则用homme politique或femme politique表示。

课后练习

LIRE 精读

1. Que désigne l'expression « les Bleus » ?
2. Que signifient « les Bleus » pour les Français ?
3. Quelle est l'époque glorieuse des Bleus ?
4. Qu'est-ce qui caractérisait la composition de l'équipe de France de football en 1998 ?
5. Qu'est-ce qui s'est passé lors de la finale de la Coupe du Monde de 2006 ?
6. « Les Bleus » ont contribué à projeter quelle sorte d'image de la France ?

PARLER 讨论

1. Citez les grandes compétitions sportives dans le monde aujourd'hui.
2. Nommez quelques « grandes nations sportives » ; expliquez pourquoi ces nations dominent le sport mondial.
3. Donnez votre opinion sur ces propositions :
   - Le sport est lié à l'identité nationale.
   - Il existe de nombreux sports « nationaux ».

RECHERCHER 探索

1. Le portrait, la biographie d'un grand joueur de football français.
2. Des grands sportifs français et leurs disciplines sportives.

Coco Chanel[①]
可可·香奈儿

CHANEL

La grande dame de la haute couture française est bien plus qu'un nom sur un flacon de parfum. Au cours des années vingt et trente, Coco Chanel a reconstruit l'identité des femmes en révolutionnant les codes du vêtement féminin. Indépendante et ambitieuse, la petite couseuse orpheline, Gabrielle Bonheur Chasnel, a finalement imposé au monde sa conception de l'élégance féminine par des lignes sobres, qui sont devenues depuis la référence classique du monde de la mode.

Coco Chanel, en libérant les femmes de leurs corsets et jupons, a pratiquement tout inventé : le pantalon, le tailleur, la jupe courte (mais qui cachait les genoux), le jersey, le tweed, les bijoux fantaisie... Elle voulait des femmes aux cheveux courts, à la peau bronzée et naturelle, à l'aise dans leurs vêtements. Même si ses créations s'inspiraient souvent du vêtement masculin, Coco Chanel ne craignait pas de dire que « plus une femme est féminine, plus elle est forte ».

L'art de Coco Chanel se résume dans ces trois mots : confort, simplicité et élégance. La grande styliste précise ceci : « Une femme est toujours trop habillée, jamais assez élégante ».

Coco Chanel est morte en 1971, dans sa suite de l'Hôtel Ritz à Paris[②], elle avait 87 ans. Dans le film d'Anne Fontaine[③], *Coco avant Chanel* (2009), qui retrace les débuts de sa carrière, Audrey

Tautou[4] incarne avec vérité le caractère déterminé d'une femme qui a changé toutes les femmes.

词汇

couseuse (*n.f.*) : une ouvrière dans une maison de couture 女裁缝

orphelin, e (*n.*) : un enfant qui a perdu ses parents 孤儿，孤女

corset (*n.m.*) : un sous-vêtement qui maintient le buste et les hanches 女式紧身胸衣

jupon (*n.m.*) : une pièce de lingerie placée sous la jupe 衬裙

pratiquement (*adv.*) : presque 几乎

tailleur (*n.m.*) : une veste et une jupe coordonnées 女式套装，西式裙套装

craindre (*v.t.*) : avoir peur 害怕，担心

incarner (*v.t.*) : jouer un rôle, représenter 扮演（角色）

注释

1. 可可·香奈儿（Coco Chanel，1883—1971）：本名为加布丽埃勒·博纳尔·沙斯奈尔（Gabrielle Bonheur Chasnel），1883年8月出生在法国中部索米尔城（Saumur）。香奈儿年轻时曾在巴黎的咖啡馆中以歌舞表演谋生，受到许多军官观众的热捧，大家称呼她为Coco，之后香奈儿本人便以此为名，并把自己的姓氏也改为Chanel。

2. 巴黎丽兹酒店（l'Hôtel Ritz）：位于巴黎市中心第1区的旺多姆广场（la place Vendôme）北侧，于1898年创建。这座典型的巴洛克式建筑外表简朴、低调，内部设施却极尽精致、考究，堪比帝王之所，是世界最为奢华的酒店之一。

3. 安娜·方丹（Anne Fontaine，1959— ）：法国导演、编剧和演员，2009年她执导的影片《时尚先锋香奈儿》（*Coco avant Chanel*）从独特的视角再现了香奈儿这位流行风尚先驱者的传奇人生。

4. 奥黛丽·塔图（Audrey Tautou，1976— ）：法国当代著名影星，

她主演的法国影片《天使爱美丽》（ *Le Fabuleux Destin d'Amélie Poulain* ）广受中国观众的喜爱。关于《天使爱美丽》的更多信息，请参见本书p.181。

课后练习

LIRE 精读

1. Quelle était la profession de Coco Chanel ?
2. Quel est son vrai nom ?
3. À quelle période Coco Chanel commence-t-elle sa carrière ?
4. Qu'est-ce qui caractérise le style Chanel ?
5. Comment les vêtements de Coco Chanel ont-ils contribué à la libération des femmes ?
6. Quelle sorte d'influence était visible dans les vêtements de Coco Chanel ?
7. Quand a-t-elle disparu ? À quel âge ?
8. Quelle actrice a joué le rôle de Coco Chanel au cinéma ? Dans quel film ?

PARLER 讨论

1. Commentez et donnez votre opinion sur ces affirmations de Coco Chanel :
   - « Une femme est toujours trop habillée, jamais assez élégante. »
   - « Plus une femme est féminine, plus elle est forte. »
   - « La mode se démode, le style jamais. »
2. Débattez ces propositions :
   - La mode est le reflet des changements d'une société.
   - On ne doit pas suivre la mode. Il faut rechercher son propre style.

RECHERCHER 探索

1. Le parfum le plus célèbre de Chanel, l'histoire de son nom.
2. La Maison Chanel aujourd'hui, ses produits, ses magasins dans le monde, sa place dans le monde de la mode.

Coluche

科吕什

Ce personnage provocateur, à l'humour trivial, a été détesté autant qu'adoré par le public, craint et respecté par les médias et la classe politique. Fils d'un immigré italien et d'une mère fleuriste, Michel Colucci[1], dit Coluche, a transformé la manière dont l'humour s'exprime en France, à la radio, à la télévision, sur la scène publique.

En 1969, Coluche fonde avec des amis le Café de la Gare[2], où le prix du billet d'entrée est variable et déterminé par une loterie : les plus chanceux reçoivent même de l'argent pour voir le spectacle. Devenu bientôt le comédien le plus célèbre de France, Coluche dénonce simultanément l'hypocrisie des politiciens et celle des journalistes : « Les journalistes ne croient pas les mensonges des hommes politiques mais ils les répètent, c'est pire ! ».

Coluche se présente à l'élection présidentielle de 1981 comme « candidat nul »[3]. Habillé en clown, son objectif est de tourner en dérision cet évènement essentiel du calendrier politique. Trois ans plus tard, il obtient un César du meilleur acteur pour son rôle dans *Tchao Pantin*[4], où il montre une autre facette de lui-même, celle d'acteur tragique.

Coluche crée en 1985 les Restos du Cœur[5], une entreprise caritative pour venir en aide aux défavorisés. La générosité de Coluche se résume dans sa fameuse maxime : « Je ne suis pas un nouveau riche, je suis un ancien pauvre ».

Coluche meurt brutalement en mai 1986, dans un accident de moto. Il avait 42 ans. La cérémonie funéraire a été conduite par l'abbé Pierre[6].

词汇

trivial, e (*adj.*) : grossier, vulgaire, non raffiné 粗俗的

chanceux, se (*adj.*) : fortuné, heureux au jeu 幸运的

mensonge (*n.m.*) : une duperie, une tromperie, qui masque la vérité 谎言

nul, le (*adj.*) : zéro, médiocre, sans qualité 一无是处的

tourner en dérision : ridiculiser 嘲笑，讽刺

resto (*n.m.*) : abréviation de « restaurant » 饭店（restaurant 的缩略形式）

défavorisé, e (*adj.*) : pauvre, sans ressources 条件差的

注释

1. 米歇尔·科吕奇（Michel Colucci，1944—1986）：著名喜剧演员，早年曾当过歌手，1970年前后开始专注于幽默讽刺表演，以 Coluche（科吕什）作为艺名，成为法国最具声望的幽默家。

2. "车站咖啡馆"（le Café de la Gare）：由科吕什和一批年轻艺术家合作创办的一家剧院式咖啡馆，1969年初建时位于巴黎第14区的蒙帕纳斯火车站（la gare de Montparnasse）附近。1971年迁至巴黎第4区，如今成为巴黎规模最大的剧院式咖啡馆，可容纳450名观众观看演出。

3. 1980年10月30日，科吕什召开记者招待会，宣布参加1981年的法国总统大选。这一举动起初被认为不过是一次哗众取宠的表演，但民意调查显示科吕什的支持率节节攀升，法国政界的主要势力集团开始恐慌，使用种种手段最终迫使科吕什宣布退出竞选。

4. 《告别往昔》（*Tchao Pantin*）：1983年出品的法国电影，由克洛德·贝里（Claude Berri）导演的一部悲情侦探影片。科吕什凭借他在片中的精湛演技，于1984年获得法国电影界最高荣誉凯撒奖

（Les César du cinéma）的最佳男演员殊荣。

5. "爱心餐厅"（Les Restos du Cœur）：科吕什亲手创办的慈善机构，不仅向求助者提供饭食，更体现人文关怀，帮助弱势群体（les défavorisés）找到谋生的手段。

6. 皮埃尔神父（l'abbé Pierre, 1912—2007）：法国著名的慈善家、爱国者和社会活动家。关于"皮埃尔神父"的更多信息，请参见本书p.48。

课后练习

LIRE 精 读

1. Qui était Coluche ? De quel milieu social venait-il ?
2. Quel était son style d'humour ?
3. Quelle était l'originalité du Café de la Gare ?
4. Qui critiquait-il principalement ? Pourquoi ?
5. Dans quel but Coluche a-t-il été candidat à une élection présidentielle ?
6. Comment Coluche s'est-il distingué au cinéma ?
7. Quelle œuvre charitable a-t-il créée ? Avec quel objectif ?
8. Comment justifie-t-il cette initiative ?
9. Comment a-t-il disparu ? À quel âge ?

PARLER 讨论

1. Commentez et donnez votre opinion sur ces affirmations de Coluche :
   - « Les journalistes ne croient pas les mensonges des hommes politiques mais ils les répètent, c'est pire ! »
   - « L'humour a toujours été contre le pouvoir, quel que soit le régime. »
2. Donnez votre opinion sur ces propositions :
   - L'humour peut changer la société.
   - Il est essentiel d'avoir de l'humour dans la vie.

RECHERCHER 探 索

1. Des citations de Coluche sur la vie, la société française, l'humour, la politique.
2. L'objectif de la « Loi Coluche », adoptée en 1988.

Catherine Deneuve[①]

卡特琳·德纳芙

L'actrice principale du cinéma français contemporain a tourné en 50 ans de carrière plus d'une centaine de films avec les plus grands metteurs en scène. Catherine Deneuve n'a que 21 ans lorsqu'elle apparaît dans *Les parapluies de Cherbourg*, un film de Jacques Demy[②], récompensé en 1964 par une Palme d'or[③] au Festival de Cannes.

François Truffaut[④] disait que le caractère mystérieux de Catherine Deneuve apportait de l'ambiguïté et du secret aux situations, aux scénarios, aux rôles qu'elle jouait. Catherine Deneuve a souvent réfléchi sur cette image qu'elle projette : « Vous connaissez les clichés qui me collent à la peau : glaciale, distante, le feu sous la glace... » (Paris Match[⑤], 1999). Elle ajoute plus tard : « Il y a un cliché que je ne supporte pas à mon sujet, c'est la grande dame du cinéma français. [...] Je ne veux pas être une dame, encore moins une grande » (Télérama[⑥], 2000).

Deneuve, dont le visage a inspiré le buste de Marianne dans les années 80[⑦], a reçu de nombreuses récompenses, parmi lesquelles deux Césars[⑧] de la meilleure actrice pour *Le Dernier métro* (1981) de François Truffaut et pour *Indochine* (1992) de Régis Wargnier[⑨]. Plus récemment, elle a obtenu le prix d'Actrice européenne de l'année en 2002 pour son rôle dans *Huit femmes*, de François Ozon[⑩] ainsi qu'un prix pour l'ensemble de sa carrière au Festival de Cannes de 2008.

Catherine Deneuve parle avec lucidité de sa profession : « C'est très difficile de vieillir. Pour une femme, c'est déjà difficile de vieillir dans la vie, mais pour une actrice, c'est effrayant de vieillir au cinéma » (Paris Match, 1999).

词汇

tourner (*v.t.*) : jouer dans un film 在影片中扮演角色

metteur en scène (*n.m.*) : la personne qui dirige la réalisation d'un film 导演

cliché (*n.m.*) : une image figée, un stéréotype 刻板印象

coller (*v.t.*) : adhérer, ne pas quitter 贴，粘

supporter (*v.t.*) : tolérer, accepter 接受，承受

récemment (*adv.*) : il n'y a pas longtemps 近期，最近

lucidité (*n.f.*) : la pénétration, la clairvoyance, la perspicacité 清晰；明智

effrayant, e (*adj.*) : angoissant, inquiétant, qui fait peur 可怕的

注释

1. 卡特琳·德纳芙（Catherine Deneuve，1943— ）："二战"后法国最具魅力的电影演员之一，自13岁初登银幕后一直佳作不断，演绎了各种不同类型的人物形象，被誉为法国影坛的"常青树"。

2. 雅克·德米（Jacques Demy，1931—1990）：法国著名导演、剧本作家和演员，"新浪潮"的代表人物之一。《瑟堡的雨伞》（ *Les parapluies de Cherbourg*，或译为《秋水伊人》）是德米执导的一部音乐舞蹈片。

3. 金棕榈奖（la Palme d'or）：法国戛纳电影节的最高奖项，1955年首次颁发，一直延续至今。关于"戛纳电影节"的更多信息，请参见本书p.201。

4. 弗朗索瓦·特吕弗（François Truffaut，1932—1984）：法国著名电影导演、演员和电影评论家，"新浪潮"运动的领军人物之

一，代表作品包括《四百击》（*Les Quatre Cents Coups*）、《朱尔与吉姆》（*Jules et Jim*）等。

5. 《巴黎竞报》（*Paris Match*）：1949年创办的周刊，内容既有严谨的政治、经济类报道，也不乏明星绯闻和市井趣事。

6. 《电视博览》（*Télérama*）：1947年创办的以介绍各类电视节目为主的文化类周刊。

7. 1985年，德纳芙被选为"玛丽安娜"的形象代言人。关于"玛丽安娜"的更多信息，请参见本书p.124。

8. 凯撒电影奖（Les César du cinéma）是每年于法国举办的电影奖项，主要是表彰前一年度杰出的法国电影，被认为是法国国内电影的最高荣誉。

9. 雷吉斯·瓦尔涅（Régis Wargnier，1948—）：法国著名电影导演，《印度支那》（*Indochine*）是他执导的一部以越南人民抗法独立战争为背景的影片。

10. 弗朗索瓦·奥宗（François Ozon，1967—）：法国当代著名电影导演，曾三次获得凯撒奖最佳导演奖，《八美千娇》（*Huit femmes*，或译为《八美图》）是他执导的一部揭露人性贪婪、自私的家庭伦理影片。

课后练习

LIRE 精读

1. Qu'est-ce qui montre que Catherine Deneuve est une grande actrice ?

2. Avec quel film est-elle devenue célèbre ?

3. Pour Truffaut, quel est la qualité essentielle de Catherine Deneuve ?

4. Comment Catherine Deneuve est-elle perçue ? Que signifie « le feu sous la glace » ?

5. Qu'est-ce qu'une « grande dame » pour Catherine Deneuve ?

6. Quels prix a-t-elle obtenus dans sa carrière ?

7. De quelle manière la France a-t-elle rendu hommage à Catherine Deneuve ?

8. Selon Catherine Deneuve, à quel problème une actrice doit faire face ?

PARLER 讨论

1. Commentez cette remarque de Catherine Deneuve : « C'est très difficile de vieillir. Pour une femme, c'est déjà difficile de vieillir dans la vie, mais pour une actrice, c'est effrayant de vieillir au cinéma » (*Paris Match*, 1999).
2. Débattez cette proposition : L'âge n'a pas d'importance pour les acteurs masculins.
3. À votre avis, comment peut-on vieillir au cinéma ?

RECHERCHER 探索

1. Les films classiques de Catherine Deneuve, les rôles qu'elle a joués.
2. Les rôles récents de Catherine Deneuve au cinéma.

Serge Gainsbourg[1]

塞尔日·甘斯堡

Le « beau Serge », ainsi qu'il est appelé par une sorte d'antiphrase, occupe une place centrale dans le monde de la chanson française. Auteur-compositeur-interprète, musicien de talent, acteur, metteur en scène, Serge Gainsbourg a créé un style novateur et provocateur qui l'a rendu immensément populaire.

Influencé par le jazz et Boris Vian[2], Gainsbourg écrit en 1958 *Le poinçonneur des Lilas*, une chanson qui raconte la routine quotidienne d'un employé d'une station de métro et ses rêves d'évasion. Gainsbourg produit ensuite des dizaines de chansons et musiques pour lui-même et pour d'autres, comme Juliette Gréco[3], Françoise Hardy[4], Brigitte Bardot[5] et surtout France Gall[6], qui interprète au concours de l'Eurovision[7] 1965 son premier succès planétaire : *Poupée de cire, poupée de son*.

Gainsbourg ne craignait pas de choquer : en 1969, sa chanson *Je t'aime moi non plus*[8], chantée en duo avec son épouse Jane Birkin[9], est interdite dans plusieurs pays. En 1978, *Aux armes et cætera*, version reggae de *La Marseillaise*[10], provoque un énorme scandale. En 1984, il brûle un billet de 500 francs dans une émission de télévision pour protester contre les taxes qui financent l'industrie nucléaire. Gainsbourg cultivait une image d'asocial, d'iconoclaste, manipulant les paradoxes : « La laideur est supérieure à la beauté car elle dure plus longtemps ».

Serge Gainsbourg meurt en 1991 à 63 ans d'une crise cardiaque, due à l'épuisement, l'excès de tabac et d'alcool.

词汇

antiphrase (*n.f.*) : une phrase qui exprime le contraire de ce qu'on pense 反语（表示讽刺或调侃）

novateur, trice (*adj.*) : nouveau, original 创新的，原创的

provocateur, trice (*adj.*) : choquant, offensant 具有煽动性的；挑衅的

craindre (*v.t.*) : avoir peur 畏惧；担心

asocial, e (*adj.*) : mal adapté à la société 反社会的，不适应社会生活的

iconoclaste (*adj.*) : qui a peu de respect pour les normes sociales <俗>无视传统观念的

manipuler (*v.t.*) : utiliser, faire usage 操纵，控制

crise cardiaque : un arrêt du cœur 心脏疾病（文中指心脏骤停）

épuisement (*n.m.*) : la fatigue 衰竭

注释

1. 塞尔日·甘斯堡（Serge Gainsbourg, 1928—1991）：原名吕西安·甘斯堡（Lucien Gainsbourg），法国著名演员、歌手和诗人，在电影表演、编剧、导演、词曲创作等多个领域均有相当的造诣，是法国现代文化界和艺术界最具影响力的人物之一。

2. 鲍里斯·维昂（Boris Vian, 1920—1959）：法国20世纪作家、诗人和歌词作家，同时也是著名的爵士乐歌手和音乐评论家。《岁月的泡沫》（*L'Écume des jours*）是他非常著名的一部代表作。关于"鲍里斯·维昂"的更多信息，请参见本书p.230。

3. 朱丽叶·格雷科（Juliette Gréco, 1927—）：法国女歌手和演员，生于加拿大的蒙特利尔，后随家人移居法国。

4. 弗朗索瓦兹·阿尔迪（Françoise Hardy, 1944—）：法国20世纪60年代流行乐坛的偶像人物，擅长作词作曲，其作品浪漫怀

旧、忧郁感伤，深受乐迷喜爱。

5. 碧姬·芭铎（Brigitte Bardot, 1934— ）：法国著名演员、模特和歌手。关于"碧姬·芭铎"的更多信息，请参见本书p.51。

6. 弗朗丝·加尔（France Gall, 1947— ）：法国当代著名流行音乐歌手，至今依然活跃于法国流行乐坛。1965年，加尔以演唱甘斯堡创作的歌曲《纯真年代》（*Poupée de cire, poupée de son*）夺得欧洲电视网歌唱大赛（参见注释7）冠军，并因此一举成名。

7. 欧洲电视网歌唱大赛（le concours Eurovision de la chanson）：欧洲广播电视联盟（l'Union européenne de radio-télévision, UER）组织的年度音乐盛会，自1956年起一直举办至今。

8. 《我爱你，我也不》（*Je t'aime moi non plus*）：由甘斯堡创作的一首描写男欢女爱的情歌，歌词、旋律带有明显的性暗示，因而遭当时主流社会的谴责。Je t'aime moi non plus这个表达在法语中可用于形容爱恨交加的关系。

9. 简·伯金（Jane Birkin, 1946— ）：英国著名电影演员、歌手，她略带慵懒沙哑的嗓音独具特色，她与甘斯堡的爱情历程更是公众热议的话题。

10. reggae指源自加勒比地区，尤其是牙买加的流行音乐，多译为"雷鬼音乐"，目前已成为欧美摇滚乐中的重要元素。根据甘斯堡自己的讲述，他想用雷鬼音乐重新演绎《马赛曲》（*La Marseillaise*），可他对完整的歌词并不十分熟悉，于是找来一本《拉鲁斯大百科全书》查找歌词。在查询中他发现，为了节省词典版面，从第二个副歌部分（le refrain）开始，歌词作了省略处理，即在"aux armes"（拿起武器）后仅标注"et cætera"（等等）字样，这就是这首歌歌名（*Aux armes et cætera*）的灵感来源。关于"《马赛曲》"的更多信息，请参见本书p.127。

课后练习

LIRE 精读

1. Quel sorte d'artiste était Gainsbourg ?
2. Comment le surnommait-on ? Pourquoi ?
3. Avec quelle chanson a-t-il débuté sa carrière ?
4. Écrivait-il seulement pour lui ?

5. Avec quelle chanson est-il devenu célèbre ?
6. Quelle chanson de Gainsbourg a été censurée dans certains pays ?
7. Dans quelle chanson Gainsbourg parodiait l'hymne national français ?
8. Qu'est-ce qui montre que Gainsbourg aimait provoquer le public ?
9. Comment Serge Gainsbourg est-il mort ?

PARLER 讨论

1. Commentez cette remarque de Serge Gainsbourg : « La laideur est supérieure à la beauté car elle dure plus longtemps ».
2. À votre avis, des provocations comme celles de Serge Gainsbourg peuvent être tolérées partout dans le monde ?
3. Citez des exemples de scandales qui ont impliqué des célébrités.

RECHERCHER 探索

1. Des chansons composées par Gainsbourg pour des chanteuses et des actrices.
2. Des éléments biographiques sur les origines, la jeunesse, la vie de Gainsbourg.

Yannick Noah[①] 雅尼克·诺阿

Yannick Noah, la personnalité préférée des Français, est un champion de tennis reconverti en chanteur et acteur de cinéma. Né en 1960 à Sedan[②] dans l'est de la France, son père camerounais était joueur de football. Noah vit désormais à New York et son fils Joakim[③] (2,11m.), qu'il a eu avec sa première épouse (Miss Suède 1978), joue dans l'équipe de basket-ball des Chicago Bulls.

Lorsque Yannick Noah gagne en 1983 le tournoi de Roland Garros à Paris[④], une grande émotion s'empare de la France, qui attendait son héros depuis que les « quatre mousquetaires »[⑤] (Lacoste, Borotra, Cochet et Brugnon) avaient régné sur la Coupe Davis[⑥] à la fin des années 20. Tout le monde aujourd'hui se souvient du style acrobatique et fantasque du grand Noah sur les courts de tennis, de son « look » à la Bob Marley[⑦] mais aussi des hauts et des bas de sa carrière.

Renonçant à la compétition au début des années 90, Noah se concentre alors sur la musique et depuis *Saga Africa*[⑧] qu'on entendait sur toutes les radios en 1991, Noah a produit plusieurs albums, très influencés par les musiques du monde[⑨]. Ses origines métisses lui permettent de représenter une France multiculturelle, ouverte sur la diversité. Noah insère des messages politiques dans ses textes, défend les causes humanitaires, participe à des organisations caritatives, fait la promotion du commerce équitable, de l'agriculture biologique... Comme il le dit dans une chanson :

« Il est grand temps qu'on propose un monde pour demain » (*Aux arbres, citoyens*[⑩], 2006).

词汇

reconverti, e (*p.p.*)：recyclé, réorienté 转变的；转行的

désormais (*adv.*)：à partir de maintenant 至此以后，今后

s'emparer (*v.pr.*)：saisir, envahir, toucher fortement 夺取；征服

régner (*v.i.*)：dominer 统治；占优势

se souvenir (*v.pr.*)：avoir en mémoire, se rappeler 回忆，记得

fantasque (*adj.*)：excentrique, extravagant 离奇的；不可思议的

renoncer (*v.t.ind.*)：abandonner, laisser, quitter 放弃

métis, se (*adj.*)：d'origine mélangée, mixte 混血儿的

permettre (*v.t.*)：donner la possibilité, l'opportunité 允许

biologique (*adj.*)：organique, naturel 天然的，有机的

注释

1. 雅尼克·诺阿（Yannick Noah，1960— ）：法国著名网球运动员、歌手和词曲作家，集运动天赋与艺术细胞于一身的传奇人物。

2. 色当（Sedan）：法国东北部城市，历史上在此发生过多次重大战役。

3. 乔金·诺阿（Joakim Noah，1985— ）：生于纽约的法国篮球运动员，雅尼克·诺阿之子，司职大前锋和中锋，2007年至2016年间效力于美国职业篮球劲旅芝加哥公牛队（Chicago Bulls）。

4. 此处"罗兰–加洛斯大赛"（le tournoi de Roland-Carros）指的是每年5月至6月在巴黎西郊罗兰–加洛斯体育场（le stade Roland-Garros）举行的法国网球公开赛（les Internationaux de France de tennis）。由于该球场的比赛用地为红色，因而也被称为"红土赛"。罗兰·加洛斯（Roland Carros）是"一战"时期法国功勋卓著的飞行员，最终为国捐躯，该球场即以他的名字命名。

5. 此处"四剑客"（les quatre mousquetaires）指的是拉科斯特

（René Lacoste）、博罗特拉（Jean Borotra）、科歇（Henri Co-chet）和布吕尼翁（Jacques Brugnon）这四位顶级网球选手，他们曾组队在1920年至1930年间为法国6次夺得"戴维斯杯"（参见注释6），创造了网球史上的一段传奇。

6. "戴维斯杯"（la Coupe Davis）：国际网球协会（la Fédération internationale de tennis, FIT）组织的男子网球团体赛，是国家队之间的比赛，每年举行一次，也被称为"网球世界杯"（la Coupe du monde de tennis）。

7. 鲍勃·马利（Bob Marley, 1945—1981）：牙买加著名的歌手、作曲家和演员，"雷鬼音乐"的鼻祖，一生用音乐来表达下层贫困民众的诉求，与种族歧视抗争。

8. 《非洲传奇》（Saga Africa）：雅尼克·诺阿1991年创作并演唱的一首经典歌曲，当年他率领法国队重夺"戴维斯杯"，手捧奖杯，领唱此歌，这一激动人心的场景成为各大媒体争相报导的新闻。

9. "世界音乐"（les musiques du monde）：指世界上所有的民族音乐。这一定义本身带有"西方中心论"色彩，是西方世界对于其他国家和地区的民族音乐和文化的界定。

10. 《公民们，种树吧！》（Aux arbres, citoyens）：由雅尼克·诺阿演唱的一首以宣传环保、植树为主题的歌曲，歌名源于《马赛曲》中的"公民们，拿起武器"（aux armes, citoyens）。关于"《马赛曲》"的更多信息，请参见本书p.127。

课后练习

LIRE 精读

1. Dans quel sport Yannick Noah s'est-il distingué ?
2. Pourquoi peut-on dire que Yannick Noah est une personnalité cosmopolite ?
3. Quelle grande compétition sportive a-t-il gagné ? En quelle année ?
4. Comment peut-on décrire Yannick Noah ?
5. À quelle époque a-t-il arrêté le tennis ?
6. Que fait-il depuis cette époque ?
7. Qu'est-ce qui montre que Yannick Noah s'intéresse au futur de

la planète, aux grands problèmes contemporains ?

PARLER 讨论

1. Commentez cette phrase de Yannick Noah : « Il est grand temps qu'on propose / Un monde pour demain » (*Aux arbres, citoyens*, 2006).
2. Choisissez et commentez la proposition qui vous paraît la plus exacte :
   - Les « célébrités » ont le devoir de s'impliquer dans les causes sociales.
   - On ne doit pas mélanger le spectacle et la politique.

RECHERCHER 探索

1. Le symbole national auquel la chanson *Aux arbres, citoyens* fait référence.
2. Les objectifs et le fonctionnement du « commerce équitable ».

Édith Piaf①

艾迪特·皮雅芙

Sa personnalité, l'aventure de sa vie, ses œuvres, son talent exceptionnel, tout contribue à former un grand mythe : la « môme Piaf », 1,47 m., toute frêle, fille d'un acrobate et d'une chanteuse de rue, c'est l'histoire peu ordinaire d'une femme dont la passion et l'énergie étaient immenses, depuis ses débuts d'adolescente dans les cabarets de Pigalle② des années trente jusqu'à la dame de la maturité, épuisée par la maladie, l'alcool, les médicaments et le travail.

Les chansons de Piaf sont des classiques qui racontent l'amour : *Mon légionnaire* (1936), qui l'a rendue célèbre à 21 ans ; *La vie en rose*, qu'elle a écrit en 1945, après les années noires de la guerre ; *L'hymne à l'amour*, qu'elle compose en 1949, au soir de la mort dans un accident d'avion de son compagnon Marcel Cerdan③, champion du monde de boxe ; plus tard, c'est *Milord* (1957), puis *Non je ne regrette rien* (1959). Au cours de sa carrière, Édith Piaf a écrit près de 80 titres et elle en a interprété beaucoup d'autres composés pour elle.

Le public s'est identifié aux accents vrais et émouvants de cette femme qui chante la classe populaire, le monde de la prostitution, le petit peuple parisien. La destinée de Piaf a été courte, chaotique et tragique, elle chantait ses chansons avec la même ferveur qu'elle vivait sa vie.

Édith Piaf meurt en 1963, à l'âge de 47 ans. Dans le film d'Olivier

Dahan, *La môme* (2007)[④], Marion Cotillard fait revivre cette légende de la chanson française.

词汇

œuvre (*n.f.*) : une production artistique （文学、艺术）作品
môme (*n.*) : une gamine, un enfant <俗>小女孩
frêle (*adj.*) : mince, fragile 脆弱的，纤弱的
adolescent, e (*n.*) : un jeune de 12 à 18 ans 青少年
épuisé, e (*adj.*) : fatigué, surmené 疲惫不堪的，精疲力竭的
accent (*n.m.*) : le ton, l'atmosphère, le caractère 口音，音调
émouvant, e (*adj.*) : qui inspire de l'émotion 感人的
ferveur (*n.f.*) : la passion 热忱，热情

注释

1. 艾迪特·皮雅芙（Édith Piaf，1915—1963）是法国20世纪杰出的歌唱家、词曲作家和演员，"二战"时投身抵抗运动，以歌声展现法国人民不屈的精神。由于她身材娇小，性格活泼，被公众亲切地称为"小家伙皮雅芙"（môme Piaf）。
2. 皮加尔（Pigalle）：巴黎一城区名，位于巴黎北部的第9区和第18区之间，靠近著名的旅游地蒙马特高地，此处遍布夜总会、小酒馆、咖啡馆以及性用品商店，堪称巴黎的"红灯区"。该区的名称来自法国18世纪著名的雕塑家让-巴蒂斯特·皮加尔（Jean-Baptiste Pigalle）。
3. 马塞尔·塞尔当（Marcel Cerdan，1916—1949）：法国拳击手，曾是皮亚芙的秘密情人。1949年10月28日遭遇空难身亡，皮雅芙的精神因此受到沉重的打击，从此沉迷于酒精和吗啡，对她的身体造成了致命的伤害。
4. 《玫瑰人生》（*La Môme*）：2007年出品的法国电影，由奥利维埃·达昂（Olivier Dahan）执导，玛丽昂·歌迪亚（Marion Cotillard）主演，影片展现了皮雅芙传奇的一生。这部影片在美国、英国和加拿大上映时的法文片名为*La Vie en rose*。

课后练习

LIRE 精读

1. Qui était Édith Piaf ? Comment était-elle physiquement ?
2. Que faisaient le père, la mère de Piaf ?
3. Comment a commencé la carrière d'Édith Piaf ?
4. Quel était le sujet principal de ses chansons ?
5. Dans quelles circonstances a-t-elle écrit *L'hymne à l'amour* ?
6. Pourquoi *La vie en rose* exprime-t-elle l'optimisme ?
7. Pour quelles raisons Édith Piaf était-elle admirée ?
8. Comment était-elle à la fin de sa vie ?
9. Quelle actrice a joué le rôle de Piaf au cinéma ? Dans quel film ?

PARLER 讨论

1. Commentez cette phrase d'Édith Piaf : « C'est l'amour qui fait rêver ».
2. Expliquez cette remarque de Marlène Dietrich : « Le seul mot qui peut remplacer Paris, c'est le mot Piaf ».
3. Citez des exemples d'artistes dans le monde qui expriment dans leurs œuvres la passion, l'amour...

RECHERCHER 探索

1. Les textes de grandes chansons de Piaf.
2. Des détails biographiques sur l'enfance d'Édith Piaf.

Yves Saint Laurent^①

伊夫·圣洛朗

Les initiales « YSL » représentent la signature d'un couturier qui a uni la mode aux arts, qui a concilié l'émancipation des femmes et l'affirmation de leur féminité. En phase avec son époque, Yves Saint Laurent est l'héritier de Coco Chanel^② pour ses silhouettes qui libèrent les femmes et le successeur de Christian Dior^③ pour ses lignes gracieusement féminines.

Saint Laurent n'a que 26 ans lorsqu'il fonde en 1962 sa Maison de couture parisienne. Travailleur humble, cultivé et novateur, ses créations bouleversent immédiatement le monde de la haute couture ; le vêtement masculin est féminisé pour recomposer des figures contemporaines, androgynes : le « smoking », le tailleur-pantalon, la saharienne, le blazer, le caban^④… Saint Laurent impose aussi un style d'une suprême élégance par la richesse des tissus, ses références aux cultures du monde, ses « hommages » aux peintres. Pour Jean-Paul Gaultier^⑤, « Yves Saint Laurent a ouvert des portes fermées devant nous ».

Catherine Deneuve, que Saint Laurent a habillée dans la vie et au cinéma pendant trente ans, a ces mots lorsque le grand couturier décide de se retirer en 2002 : « Ses créations dureront, continueront de vivre et d'inspirer d'autres gens. Mais le retrait de quelqu'un qui a tellement aimé les femmes, qui les a habillées avec autant de talent, va créer un grand vide ».

À sa mort en 2008, Saint Laurent reçoit les honneurs militaires en sa qualité de Grand Officier de la Légion d'honneur[6]. Les cendres de son corps ont été placées dans le jardin de sa maison de Marrakech[7].

词汇

concilier (*v.t.*) : rendre compatible, accorder 使一致，调解，协调

en phase avec : dans des conditions de complémentarité favorables 与……契合，一致

héritier (*n.m.*) : le successeur, le continuateur 继承者，继任者

novateur, trice (*adj.*) : pionnier, inventeur 创新的，原创的

bouleverser (*v.t.*) : transformer, changer radicalement 引起革命，引发重大变化

androgyne (*adj.*) : mi-homme, mi-femme 雌雄同体，男女兼容

tissu (*n.m.*) : le textile, le matériel des vêtements 布料，织物

vide (*n.m.*) : une absence, un manque 空白，空缺；虚无

cendres (*n.f.pl.*) : les restes du corps après la crémation 骨灰

注释

1. 伊夫·圣洛朗（Yves Saint Laurent，1936—2008）：法国20世纪享誉全球的高级时装设计师，出生于阿尔及利亚的奥兰（Oran），1961年创建以自己名字命名的时装品牌（YSL，国内多译为"圣罗兰"）。

2. 可可·香奈儿（Coco Chanel，1883—1971）：法国20世纪最为著名的时装设计师，提倡女性独立、解放，是现代女权主义运动的象征之一。关于"可可·香奈儿"的更多信息，请参见本书p.61。

3. 克里斯蒂安·迪奥（Christian Dior，1905—1957）：法国时装界的"教父"级人物，迪奥集团的创始人。迪奥生前曾指定圣洛朗作为自己的助手，在迪奥本人去世后圣洛朗一度成为迪奥集团的首席设计师。1960年，圣洛朗入伍服兵役，但很快被诊断患有抑

郁症而被迫退伍，随即被迪奥集团开除。

4. "吸烟装"（le smoking，经典元素有白衬衫、领结、黑色礼服套装、毛呢礼帽等）、女式西裤套装（le tailleur-pantalon）、帆布风衣式夹克（la saharienne）、休闲西服（le blazer，经典元素为金属扣，传统色为海军蓝）、双排扣厚呢短大衣（le caban，经典色为黑色和深蓝色）均为体现中性风格的服装样式。

5. 让－保罗·高提耶（Jean-Paul Gaultier, 1952— ）：法国当代著名时装设计师，同名品牌创始人，法国高级时装公会成员。

6. 1985年、2001年和2007年，圣洛朗相继获得荣誉军团勋章中的"骑士"（Chevalier）、"高级骑士"（Commandeur）和"大军官"（Grand Officier）勋位。关于"荣誉军团勋章"的更多信息，请参见本书p.117。

7. 马拉喀什（Marrakech）：摩洛哥中部城市，四周为阿特拉斯山脉（les montagnes de l'Atlas）所环绕，风景秀美，历史悠久。城中的伊夫·圣洛朗故居是如今游客最为集中的景点之一。

课后练习

LIRE 精读

1. Quel est le métier d'Yves Saint Laurent, son domaine professionnel ?

2. Qui sont les grands prédécesseurs de Saint Laurent ?

3. Pourquoi peut-on dire que Saint Laurent a commencé sa carrière très jeune ?

4. Qu'est-ce qui caractérise le style Saint Laurent ?

5. Quel a été la contribution d'Yves Saint Laurent à la mode selon Jean-Paul Gaultier ?

6. Quelle relation existait-il entre Catherine Deneuve et Saint Laurent ?

7. De quelle manière commente-t-elle son départ du monde de la mode ?

8. Qu'est-ce qui montre que Saint Laurent était une personnalité nationale ?

9. Où repose Saint Laurent aujourd'hui ?

PARLER 讨论

1. Commentez cette phrase de Pierre Bergé, co-fondateur de la Maison YSL :
   « Entre Saint Laurent et la mode, c'était une histoire d'amour ».
2. On peut remarquer que la plupart des grands couturiers sont des hommes, qu'en pensez-vous ?
3. Nommez les grands couturiers contemporains, dites le rôle qu'ils jouent dans la société, dans l'économie.

RECHERCHER 探索

1. Des détails biographiques sur la vie de Saint Laurent et sur ses créations.
2. Yves Saint Laurent a inventé le « prêt-à-porter de luxe ». Comment ?
3. De quoi s'agit-il ?

Philippe Starck[①]

菲利普·斯塔克

Le designer Philippe Starck renouvelle l'aspect des objets et des lieux qui nous entourent et qui comptent dans notre vie : les restaurants, les hôtels, les cafés, les appartements, les bureaux d'entreprise, les usines, le mobilier urbain mais aussi les brosses à dents, les appareils électriques, les lampes, les yachts, les motos, les paquets de riz et de spaghettis, les chaises, les couteaux, les valises, les téléphones, les lits, les baignoires, les vêtements, les lunettes... La liste est longue, presque infinie.

Starck a commencé sa carrière en créant une maison gonflable[②], deux night-clubs[③] parisiens qui deviennent aussitôt les endroits les plus branchés de la capitale et en rénovant les appartements privés du président de la République, au palais de l'Élysée[④].

Depuis plus de trente ans, Starck travaille avec un crayon et du papier, jamais sur ordinateur, parce qu'il pense que les logiciels limitent la créativité. Il a reçu des dizaines de prix internationaux et ses objets – dont le fameux presse-citron[⑤], figure iconique du design contemporain – sont exposés dans des galeries et musées du monde entier.

Pour Starck, l'objet doit être démocratique, bon marché, il doit améliorer la vie quotidienne et rendre les gens heureux. Starck ajoute qu'il faut remplacer le « beau » par le « bon », car la beauté n'est pas une valeur stable, alors que la bonté crée toujours du plaisir.

Existe-il un style « Starck » ? Le designer pense que non, il préfère dire qu'il est réceptif à toutes sortes d'influences, et cela inclut ce qu'il nomme les « micro-informations », trouvées par exemple dans les poubelles de Tokyo qu'il rapportait dans sa chambre d'hôtel pour en examiner le contenu.

▌ 词汇

entourer (*v.t.*) : être autour 围绕

compter (*v.i.*) : être important, essentiel 具有重要性

gonflable (*adj.*) : qu'on peut remplir d'air, comme un ballon 可充气的

endroit (*n.m.*) : un lieu 地方，场所

branché, e (*adj.*) : tendance, à la mode <俗>流行的，时尚的

logiciel (*n.m.*) : un programme informatique pour ordinateur （计算机）软件

améliorer (*v.t.*) : rendre meilleur 改善，改良

poubelle (*n.f.*) : un récipient pour placer les déchets, les ordures 垃圾箱

rapporter (*v.t.*) : prendre avec soi, ramener chez soi, emporter 带回来

▌ 注释

1. 菲利普·斯塔克（Philippe Starck, 1949— ）：法国当代著名设计师和发明家，设计领域从日常生活、室内装潢到工业产品，几乎无所不包，自20世纪80年代起被誉为世界级设计奇才。

2. 1968年，年仅19岁的斯塔克创办了属于自己的第一家设计公司，专注于充气房屋的研究。

3. 此处提到的两家夜总会（deux night-clubs）是位于蒙特勒伊（Montreuil，位于巴黎郊区）的"蓝手"（la Main bleue）和位于巴黎第3区的"洗澡间"（les Bains-Douches），斯塔克于1976年和1978年为这两家娱乐场所进行室内设计。

4. 1983年，斯塔克接受政府委托，为密特朗总统在爱丽舍宫的私人住所进行室内装潢设计，由此受到业界和公众的广泛关注。
5. 1990年，斯塔克为意大利的阿莱西公司（Alessi）设计了一款造型独特的榨汁机（le presse-citron Juicy Salif），该产品的外形宛如蜘蛛，还会使人联想到外星人的飞船，兼具时尚感与实用性，加之价格并不昂贵，很快受到追捧，是斯塔克设计的经典之作。

课后练习

LIRE 精读
1. Quel est le métier de Philippe Starck ?
2. Pourquoi peut-on dire que Starck est un créateur éclectique ?
3. Avec quels projets a-t-il commencé sa carrière ?
4. De quelle manière Starck réalise-t-il ses dessins ?
5. Quel est l'objet culte dessiné par Starck ?
6. Qu'est-ce qui montre que Philippe Starck est internationalement célèbre ?
7. Pour Starck, quelles sont les qualités que doit avoir un objet ?
8. Qu'est-ce que Starck oppose à la « beauté » ? Pourquoi ?
9. Comment Starck trouve-t-il son inspiration ?

PARLER 讨论
1. Commentez cette remarque de Philippe Starck :
   « Tout le monde peut vivre sans ce que je fais ».
2. Donnez votre avis sur les propositions suivantes :
   - Les designers sont importants pour notre vie quotidienne.
   - Le « bon » est supérieur au « beau ».

RECHERCHER 探索
1. Des créations de Starck : objets, architecture, nourriture...
2. Des villes du monde où se trouvent des bâtiments ou des lieux conçus par Philippe Starck.

POUR FAIRE LE POINT 单元小结

De quelles icônes s'agit-il ? 猜一猜

1. C'est une toute petite femme qui avait une énergie extraordinaire et qui chantait l'amour avec passion.

2. Très provocateur, il est le premier à avoir modifié la musique de la *Marseillaise*.

3. Ils représentent la France et cela se voit à la couleur de leurs maillots.

4. Ce monsieur a défendu la cause des pauvres toute sa vie.

5. Sans elle, les femmes seraient peut-être toujours prisonnières de leurs corsets.

6. Elle a inspiré de grands metteurs en scène, un célèbre couturier et le visage de Marianne.

7. Il a été champion à Roland Garros, mais maintenant, c'est plutôt le reggae qui l'intéresse.

8. On se souvient aujourd'hui de lui comme un clown tragique au grand cœur.

9. C'est un grand créateur qui a retiré aux hommes le monopole du vêtement masculin.

参考答案在本书 p. 286

Histoire, institutions
历史、制度

Académie française[1]

法兰西学术院

Cette assemblée prestigieuse est composée de quarante membres élus à vie. Elle est chargée de veiller, depuis sa fondation en 1635, à l'intégrité de la langue française, à son usage, ses règles, son évolution.

L'une des tâches principales des « Immortels »[2] qui se réunissent sous la coupole de l'Institut de France[3], à Paris, est l'élaboration d'un dictionnaire des mots français. Depuis le 17e siècle, l'Académie française a publié huit éditions de ce dictionnaire. La neuvième édition est en cours de publication depuis 1992, les académiciens travaillent actuellement sur la lettre « P »[4].

À la mort d'un des Immortels, un nouveau membre est élu pour occuper le fauteuil vacant. Il prononce alors un discours de réception dans lequel il fait l'éloge de son prédécesseur. Parmi les 700 membres qui ont siégé à l'Académie depuis qu'elle existe figurent des noms célèbres : Montesquieu[5], Voltaire[6], Chateaubriand[7], Lamartine[8], Hugo[9]. La première femme, Marguerite Yourcenar[10], a été admise en 1980. François Cheng[11], d'origine chinoise, a été élu parmi les Immortels en 2002.

词汇

veiller (*v.t.ind.*) : surveiller, prendre soin, s'occuper de quelque chose 监督，负责

intégrité (*n.f.*) : l'exactitude, l'authenticité 精确，确切

tâche (*n.f.*) : un rôle, un devoir, une mission, un travail 使命，责任

coupole (*n.f.*) : le dôme surmontant un édifice, un bâtiment 圆屋顶，穹顶

élire (*v.t.*) : choisir, nommer, désigner par un vote 选举

vacant, e (*adj.*) : libre 空缺的

faire l'éloge : rendre hommage, prononcer des louanges 颂扬，赞美

siéger (*v.i.*) : avoir un siège (un fauteuil) dans une assemblée 占有席位

注释

1. 法兰西学术院（l'Académie française），又译为"法兰西学士院"或"法兰西学院"，1635年由路易十三（Louis XIII）的首相、红衣主教黎世留（le cardinal de Richelieu）创建，堪称法国最具权威性的学术机构之一，在语言、文学、艺术等多个领域起到监督和影响的作用。

2. 法兰西学术院院士（les Académiciens）一经当选，终身任职，故有"四十位不朽者"（les 40 Immortels）的美誉。

3. 法兰西研究院（l'Institut de France），或译为"法兰西学会"，成立于1795年法国大革命（la Révolution française）期间，历经共和国、帝国、王朝复辟等历史变迁，形成了今天由法兰西学术院（l'Académie française）、铭文与语言文学院（l'Académie des inscriptions et belles-lettres）、科学院（l'Académie des sciences）、艺术院（l'Académie des beaux-arts）和人文科学与政治学院（l'Académie des sciences morales et politiques）五个部分组成的法国最高学术权威机构。

4. 法兰西学术院创立的初衷在于规范法语，使其精确、明晰、优

美，首要任务便是编纂一部最为标准的法语词典，即《法兰西学术院词典》（*Dictionnaire de l'Académie française*）。这部规模巨大的词典自1694年第一版正式发行以来，相继于1718年、1740年、1762年、1798年、1835年、1878年、1935年修订更新。1992年开始第九版修订工作。

5. 孟德斯鸠（Charles de Secondat, Baron de Montesquieu, 1689 – 1755）：18世纪法国启蒙时代杰出的思想家、法学家，"三权分立"等西方政治学和法学理论的奠基人。

6. 伏尔泰（Voltaire, 1694—1778）：本名"弗朗索瓦·玛丽·阿鲁埃"（François Marie Arouet）。18世纪法国启蒙运动著名的思想家、作家和史学家。

7. 夏多布里昂（François-René de Chateaubriand, 1768—1848）：法国19世纪著名作家、政治家，消极浪漫主义的代表人物。

8. 拉马丁（Alphonse de Lamartine, 1790 – 1869）：法国19世纪著名诗人、散文作家和政治家，浪漫主义诗歌的先驱者和领袖人物。

9. 雨果（Victor Hugo, 1802—1885）：法国19世纪著名的作家、诗人和社会活动家，浪漫主义的领军人物。关于"雨果"的更多信息，请参见本书p.207。

10. 玛格丽特·尤瑟纳尔（Marguerite Yourcenar, 1903—1987）：法国当代著名小说家、诗人、散文作家和文学评论家，以写作风格多变著称。

11. 程抱一（François Cheng, 1929— ）：原名程纪贤，祖籍中国江西，1929年8月出生于山东济南，1971年加入法国国籍，当代著名诗人、作家和书法家，被法国学术界赞誉为"中国与西方文化之间永远不疲倦的摆渡人"。

课后练习

LIRE 精读
1. L'Académie française date de quelle époque ?
2. Où est-elle située ?
3. Quelle est sa mission ?
4. Combien de personnes participent à cette assemblée ?

5. Quelle est la durée de leur mandat ?
6. Quel est le surnom donné aux membres ?
7. Quel est le travail des académiciens ?
8. De quelle manière les nouveaux académiciens commencent-ils leur carrière ?
9. Y a-t-il eu beaucoup d'académiciennes sous la Coupole ?

PARLER 讨论

1. Présentez des assemblées comparables à l'Académie française dans le monde.
2. Donnez votre opinion sur ces propositions :
   - Il n'est pas nécessaire de protéger la langue française.
   - Il est important de préserver la diversité linguistique dans le monde.

RECHERCHER 探索

1. Le fondateur et les circonstances de la création de l'Académie française.
2. Les différentes académies situées à l'Institut de France.
3. Le sens de ce jeu de mots d'Alphonse Allais au sujet des académiciens : « Pourquoi dit-on qu'ils sont immortels alors qu'ils ne dépassent jamais la quarantaine ? »

Astérix et Obélix

阿斯特里克斯与奥贝利克斯

Personnages de bande dessinée créés en 1960 par Uderzo[1] (dessinateur) et Goscinny[2] (scénariste), les deux Gaulois[3] Astérix et Obélix[4] habitent le seul village (imaginaire) de la Gaule que les occupants romains ne parviennent pas à conquérir.

Comment expliquer ce phénomène ? Une potion magique, bien sûr, préparée par Panoramix le druide[5] du village et qui rend les Gaulois invincibles. Mais les Gaulois ont d'autres armes : ils sont astucieux et combatifs, toujours prêts à défendre leur territoire.

Les Français se reconnaissent dans ces histoires qui « racontent » avec humour leurs ancêtres de l'An 50 avant l'ère chrétienne : irritables, fiers, rebelles, désordonnés, indépendants, ces Gaulois retranchés dans leur village caricaturent des millions de Français et leurs relations, souvent turbulentes, avec leurs voisins.

Les aventures d'Astérix et d'Obélix ont été vendus à plus de 300 millions d'exemplaires dans le monde, ont été traduites en une centaine de langues. En 2009, le 34e album de la série a été publié sous le titre *L'Anniversaire d'Astérix et d'Obélix*, pour célébrer les 50 ans des deux Gaulois les plus célèbres du monde.

bande dessinée (*n.f.*) : une série d'images qui raconte une histoire 连环画

Gaule (*n.f.*) : le nom donné à la France par les Romains dans l'Antiquité 高卢

parvenir (*v.t.ind.*) : être en mesure de faire quelque chose, accomplir une action 达成，达到（目的）

potion (*n.f.*) : un remède, un traitement médicinal 药水

astucieux, se (*adj.*) : ingénieux, qui a beaucoup d'idées 灵巧的，机智的

irritable (*adj.*) : coléreux 易怒的

retranché, e (*adj.*) : à l'abri, fortifié, protégé 有堡垒保护的

caricaturer (*v.t.*) : représenter, dépeindre avec humour, ironie 以漫画手法描绘

turbulent, e (*adj.*) : mouvementé, tumultueux, chaotique 爱吵闹的，好闹事的

注释

1. 阿尔贝·乌代尔佐（Albert Uderzo，1927— ）：法国漫画大师和电影剧本作家，"阿斯特里克斯"系列动画人物的始创者之一。

2. 勒内·戈西尼（René Goscinny，1926—1977）：法国当代著名漫画家、幽默作家和记者，其笔下的"阿斯特里克斯"、"幸运卢克"（Lucky Luke）、"小尼古拉"（le Petit Nicolas）等人物形象广受法国民众喜爱。

3. 高卢（la Gaule）指公元前6世纪至公元前2世纪，包括今法国、比利时、德国南部、意大利北部及荷兰南部的西欧大部分地区，因那里居住着古代凯尔特人的分支高卢人（les Gaulois）而得名。

4. 阿斯特里克斯（Astérix）与奥贝利克斯（Obélix）是两位具有神奇力量的高卢英雄（les deux héros gaulois），他们不畏强权，反抗恺撒（Jules César）率领的罗马军团的英雄事迹构成该系列漫画的主题之一。

5. 德鲁伊（le druide）：古代凯尔特民族中地位最为崇高的人物，

承担着祭司、医生、学者、军事顾问等多重角色，被认为掌握着智慧与力量的源泉。帕诺拉米克斯（Panoramix）作为阿斯特里克斯系列漫画中的重要人物之一，他的身份就是德鲁伊。

课后练习

LIRE 精读

1. Sous quelle forme sont présentées les aventures d'Astérix et d'Obélix ?
2. Depuis quand la série existe-t-elle ?
3. À quelle époque sont situées les histoires d'Astérix et d'Obélix ?
4. Comment se nommaient les Français à cette période ?
5. Comment les habitants du village d'Astérix et d'Obélix résistent-ils aux envahisseurs romains ?
6. De quelle manière les Français se retrouvent-ils dans les aventures et les personnages d'Astérix et d'Obélix ?
7. Qu'est-ce qui montre que les histoires d'Astérix et Obélix ont rencontré un grand succès ?

PARLER 讨论

1. Citez des exemples dans le monde de peuples qui résistent à leurs envahisseurs.
2. Présentez les caractéristiques d'une bande dessinée, ses particularités en comparaison avec d'autres moyens d'expression.

RECHERCHER 探索

1. Les évènements dans l'histoire de France récente auxquels peuvent faire référence les aventures d'Astérix et d'Obélix.
2. La manière dont les aventures d'Astérix et d'Obélix prennent fin, d'habitude.
3. Les albums d'Astérix et d'Obélix qui racontent leurs voyages.
4. Les noms des personnages dans les aventures d'Astérix et d'Obélix, leur formation, leur origine.

Châteaux de la Loire

卢瓦尔河畔的古堡

Il y a un roi de France au Moyen-Âge qu'on appelait le « petit roi de Bourges » parce que son domaine se limitait pratiquement à cette petite ville au sud de la Loire. Le reste du territoire était aux mains des Anglais et des Bourguignons, leurs alliés[1]. La France allait disparaître, passer sous la couronne d'Angleterre. Mais Jeanne d'Arc a sauvé la situation et le roi de Bourges a finalement été sacré en 1429 dans la cathédrale de Reims[2].

Charles VII, lorsqu'il résidait à Bourges, ne se doutait pas que la Loire, pays de Rabelais[3], de Ronsard[4], allait bientôt devenir la région la plus française de la France. On dit en effet aujourd'hui que c'est ici que l'on parle le français le plus pur, que le climat est le plus doux ; et c'est ici que les futurs rois et reines de France allaient construire leurs plus belles résidences de villégiature. Cette période de faste, de splendeur architecturale inspirée par l'Italie et ses artistes a ouvert une nouvelle ère, la Renaissance[5] française, qui a bouleversé le pays et l'a fait entrer dans la modernité. Les noms de ces prestigieux châteaux sont désormais des classiques : Amboise, Chambord, Chenonceau, Blois, Azay-le-Rideau, Villandry[6]... Visités par des centaines de milliers de touristes chaque année, ces châteaux ont inspiré d'autres créateurs : Walt Disney[7] a pris le château d'Ussé comme modèle pour *La Belle au bois dormant* et Hergé[8] celui de Cheverny pour le château de Moulinsart, résidence du capitaine Haddock, grand compagnon de Tintin.

sauver (*v.t.*) : venir en aide 拯救

sacrer (*v.t.*) : recevoir un sacrement 加冕；被授予圣职

ne pas se douter : ne pas savoir, ne pas présager ou prévoir 没有想到

villégiature (*n.f.*) : les vacances 度假

faste (*n.m.*) : la richesse, le luxe 奢华

bouleverser (*v.t.*) : transformer, changer radicalement 颠覆，（彻底）改变

注释

1. 百年战争（la guerre de Cent Ans, 1337—1453）中期，法国大部分国土被英国军队及其盟友勃艮第公爵（le duc de Bourgogne）所占领，王太子查理（le Dauphin），即未来的查理七世（Charles VII），被迫藏身于法国中部卢瓦尔河沿岸的布尔日地区（Bourges），惶惶不可终日。由于一直未能前往兰斯（Reims）加冕正式称王，故而被英国人和敌对的勃艮第人嘲讽为"布尔日的小王"（le petit roi de Bourges）。

2. 兰斯（Reims）是法国东北部城市，香槟地区（la Champagne）的中心。公元5世纪末，法兰克人的国王克洛维（Clovis Ier）在兰斯大教堂（la cathédrale Notre-Dame de Reims）受洗，成为法国历史上首位基督徒国王，从此历代法国君主均要在兰斯加冕方为正统。

3. 拉伯雷（François Rabelais, 1493—1553）：法国16世纪文艺复兴时期杰出的人文主义作家和医生，《巨人传》（*Pantagruel, Gargantua*）的作者。

4. 龙萨（Pierre de Ronsard, 1524—1585）：法国16世纪最伟大的诗人之一，文艺复兴时期的代表人物，擅长创作抒情诗，颇受当时欧洲各国宫廷的推崇。

5. 文艺复兴（la Renaissance）发端于14至15世纪意大利的佛罗伦萨，逐步传至法国、西班牙、德国和英国，以复兴古代希腊罗马文化为宗旨，提倡人性的自由和解放，反对宗教蒙昧，具体表现

为人文主义（l'humanisme）运动的勃兴，广泛涉及科学、宗教、文学、艺术和教育等诸多方面，成为西欧近代资产阶级革命的先导。

6. 昂布瓦兹城堡（le château d'Amboise）、香波堡（le château de Chambord）、舍农索城堡（le château de Chenonceau）、布卢瓦城堡（le château de Blois）、阿泽勒丽多城堡（le château d'Azay-le-Rideau）、维朗德里城堡（le château de Villandry）均为卢瓦尔河沿岸著名的古堡，大多建于文艺复兴时期，其中弗朗索瓦一世（François Ier）统治时期修建的香波堡规模最大。

7. 华特·迪士尼（Walt Disney, 1901—1966）：美国著名的电影导演、制片、剧本作家和演员，世界最著名的动画大师之一，迪士尼公司的创始人。"睡美人"（la Belle au bois dormant）是迪士尼主题公园的代表动画形象，源自17世纪法国作家夏尔·佩洛（Charles Perrault）的同名寓言童话故事，原作中将卢瓦尔河岸边的于塞城堡（le château d'Ussé）作为"睡美人公主"安眠之所。

8. 埃尔热（Hergé, 1907—1983）：比利时著名漫画家，全球家喻户晓的《丁丁历险记》（*Les Aventures de Tintin*）系列连环画的作者。"阿道克船长"（le capitaine Haddock）是《丁丁历险记》中的主要人物之一，他的住所"穆兰萨尔城堡"（le château de Moulinsart）的原型是建于17世纪30年代的舍维尼城堡（le château de Cheverny）。关于"丁丁"的更多信息，请参见本书p.227。

课后练习

LIRE 精读

1. Quel était le surnom de Charles VII ?
2. Dans quelle région vivait-il ?
3. La France était contrôlée par qui à cette époque ?
4. Grâce à qui Charles VII a-t-il pu devenir roi de France ?
5. Pourquoi dit-on que la Loire est la plus française des régions ?
6. Quelle époque de l'histoire française représentent les châteaux de la Loire ?
7. Qui vivait dans ces châteaux ?
8. Quels châteaux ont servi de référence à de célèbres personnages ?

PARLER 讨论

1. Présentez des sites historiques dans le monde qui marquent une époque importante d'une région, d'un pays, d'une culture.
2. Donnez votre opinion sur ces propositions :
   - Il est essentiel de préserver le patrimoine historique d'un pays, d'une région.
   - Il est préférable de donner la priorité au développement, le passé est moins important.

RECHERCHER 探索

1. L'artiste italien qui a été invité par François 1er au Clos Lucé, près d'Amboise.
2. La raison pour laquelle Chenonceau a été nommé le « château des femmes ».
3. Un château particulier de la Loire célèbre pour ses jardins.
4. Le sens de l'expression : « Bâtir des châteaux en Espagne ».

Clocher

钟楼

Après l'élection historique du socialiste François Mitterrand[1] à la présidence de la République en mai 1981, les observateurs politiques se sont beaucoup interrogés sur l'impact de la stratégie promotionnelle élaborée par le publicitaire Jacques Séguéla[2] pour le candidat Mitterrand. On se demandait en particulier quelle influence avait eue sur les électeurs cette célèbre affiche du futur président posant devant un paysage de campagne rosissante (la couleur des socialistes)[3] où l'on distingue le clocher d'une église. Un slogan tout simple complétait cette affiche : « La force tranquille ».

Pour rassurer une catégorie de Français inquiets du chaos qu'entraînerait l'élection d'un candidat de la gauche[4] – le pays avait été gouverné par des conservateurs depuis le début de la IIIe République, à l'exception d'un intermède en 1936~38 avec Léon Blum et le Front populaire[5], il fallait donc suggérer une image rassurante, réconfortante : le clocher d'un village s'est ainsi imposé comme l'élément-clé de la campagne électorale finalement triomphante de François Mitterrand.

Le clocher représente la tradition, ce sont les paysans du tableau de Millet[6] qui se recueillent dans un champ au moment où sonnent les cloches pour l'Angélus ; c'est la France profonde, historique, rurale, nourricière. Le clocher est au centre du paysage français, on l'aperçoit partout dans les provinces. Pendant des siècles, l'église a été l'édifice le plus imposant du village, de la ville.

On entend de loin le son de ses cloches, qui annoncent les heures et les jours.

词汇

affiche (*n.f.*) : un poster posé sur un mur, dans les rues 海报

paysage (*n.m.*) : une vue d'ensemble, une perspective 景色，景致

rosissant, e (*adj.*) : de couleur rose 玫瑰色的

distinguer (*v.t.*) : voir, apercevoir 看出，辨认出

clocher (*n.m.*) : la tour de l'église où sont situées les cloches 钟楼

inquiet, ète (*adj.*) : anxieux 担忧的

entraîner (*v.t.*) : provoquer, causer, avoir pour conséquence 引起，招致

se recueillir (*v.pr.*) : prier 沉思，祈祷

Angélus (*n.m.*) : une prière catholique évoquant l'Annonciation <宗>三钟经

nourricier, ère (*adj.*) : qui nourrit, qui procure la nourriture 滋养的；提供食物的

注释

1. 弗朗索瓦·密特朗（François Mitterrand，1916—1996）：法国政治家，社会党（参见注释3）领袖，第五共和国（la Ve République）第四任总统，任期为1981年至1995年。

2. 雅克·塞格拉（Jacques Séguéla，1934— ）：法国广告商人，世界著名传媒哈瓦斯集团（Havas Worldwide）的创始人之一，曾是密特朗的坚定支持者，也是1981年社会党竞选宣传工作的主要负责人。

3. 法国社会党（le Parti socialiste）是法国主要左派政党，其源头是1905年由著名左翼政治家、工人运动领袖让·饶勒斯（Jean Jaurès）联合左派各政党成立的"工人国际法国支部"（la Section

française de l'Internationale ouvrière，SFIO）。1971年密特朗被推举为党总书记，同年，"拳头紧握的玫瑰花"（la rose au poing）被定为社会党的新标志，象征昔日光荣的斗争历史（拳头）与今日自由温和的政治路线相结合。从此，玫瑰色（rosissant）就成为了法国社会党的象征。

4. 法国政党的"左右分野"（la gauche et la droite）源自18世纪末的法国大革命（la Révolution française）。1791年，制宪国民议会（l'Assemblée constituante）的议员针对是否保留国王对于各项议案的否决权（le veto）问题展开激烈辩论，反对赋予国王否决权的激进民主派议员与支持保留国王否决权的保王派及温和派议员，出于偶然分坐在会议大厅的左、右两侧，由此开启了法国政治文化传统中最具特征的"左右"之分。笼统而言，左派给人比较激进的印象，而右派则给人较为保守的印象。

5. 莱昂·布鲁姆（Léon Blum，1872—1950）：法国政治家，温和左派的代表人物，20世纪法国社会党的重要领导人，1936年他联合法国共产党，在议会选举中击败右派，建立以左翼政党领导的"人民阵线"（le Front populaire）政府，推行"带薪假期"、"妇女担任公职"等社会政治改革措施。从第三共和国（la IIIᵉ République，1870—1940）到戴高乐将军在1958年建立的第五共和国，除短暂的"人民阵线"政府时期，法国政坛长期为传统右派政党或集团所控制，这一局面直至1981年社会党候选人密特朗当选共和国总统方才改变。

6. 让–弗朗索瓦·米勒（Jean-François Millet，1814—1875）：法国19世纪著名画家和雕刻家，以描绘乡土风景和农民劳作的场面见长，画风质朴、凝重，人物多带有宗教情感，代表作品有《播种者》（*Le Semeur*）、《拾穗者》（*Des Glaneuses*）、《晚钟》（*L'Angélus*）。《晚钟》这幅画描绘了一对在田地里劳作的农民夫妇进行晚祷的情景：暮色降临大地，远方传来教堂的钟声，他们便站在那里，低着头默默无语，完全沉浸在虔诚的祷告之中。画面宁静深远，仿佛能让人听见晚钟的声音在田野上回荡。

课后练习

LIRE 精读

1. Quel évènement politique a eu lieu en France en mai 1981 ?
2. À quel parti appartenait François Mitterrand ?
3. En quoi l'élection de Mitterrand avait un caractère exceptionnel ?
4. Que décrivait l'affiche électorale du candidat Mitterrand ?
5. Quel rôle a joué le clocher dans la campagne électorale ?
6. Pourquoi le clocher est-il important dans la vie française ?
7. Pour quelle raison sonnent les cloches ?

PARLER 讨论

1. Commentez le slogan électoral de François Mitterrand : « La force tranquille ».
2. Selon vous, que promettent avant toute chose les candidats aux élections ?
3. Débattez les propositions suivantes :
   - En politique, l'image du candidat est plus importante que son programme.
   - Après leur élection, les politiciens ne tiennent pas leurs promesses.

RECHERCHER 探索

1. La durée de la présidence de François Mitterrand, le nom de ses successeurs, leur appartenance politique, la durée de leur mandat.
2. Le sens du mot « cohabitation » dans le contexte de la présidence de Mitterrand.
3. Des exemples de grandes réalisations architecturales à Paris durant la présidence de Mitterrand.

Coq
雄鸡

Pour les Romains conquérants de la Gaule[1] au premier siècle av. J.-C., ce « gallinacé » (lat. gallina, poule) désignait aussi les Gaulois (gallus). Depuis, le coq (onomatopée, lat. coccus) est devenu peu à peu l'un des emblèmes de la nation française : d'abord au cours du Moyen-Âge et de l'Ancien Régime[2], puis surtout pendant la Révolution[3]. Napoléon préférait l'aigle, mais la IIIe République (1870) a définitivement consacré le coq en le plaçant sur la monnaie, les timbres, les uniformes.

Le coq est partout présent en France : son chant matinal annonce l'aube, les girouettes en forme de coq sur le clocher des églises indiquent la direction du vent. On le voit aussi sur les maillots des équipes sportives nationales[4] qui défendent l'honneur du pays. Le cri du coq, rendu par l'onomatopée « cocorico », peut même signifier dans la langue un excès de chauvinisme[5].

L'image de cet animal n'est pas toujours flatteuse, le coq apparaît souvent en effet comme un esprit mâle et dominateur, arrogant et fier. Mais on lui attribue également certains traits positifs dans lesquels les Français veulent bien se reconnaître : combatif, exemplaire, courageux, tenace, indépendant.

词汇

désigner (*v.t.*) : nommer, appeler 指，称呼

emblème (*n.m.*) : un symbole 象征

consacrer (*v.t.*) : déclarer, établir comme une règle 认可，接受

aube (*n.f.*) : le début du jour 黎明，拂晓

maillot (*n.m.*) : un vêtement, un uniforme 紧身衣，运动队服

esprit (*n.m.*) : le caractère 性情；精神

fier, ère (*adj.*) : orgueilleux, rogue (*contr.* : modeste, humble) 自豪的，骄傲的

trait (*n.m.*) : une caractéristique 特征，特点

tenace (*adj.*) : résistant, ferme, persévérant 坚韧的；执拗的

注释

1. 高卢（la Gaule）：古代欧洲地名，主要指今法国、比利时、德国南部等地区。公元前5世纪后，部分强大的高卢部落不断入侵和劫掠意大利半岛北部，罗马人将这些入侵者称为"Gallus"（拉丁语中的"野蛮人"），并称他们生活的地方为"Gallia"。公元前2世纪，罗马逐渐崛起，反攻高卢。公元前58至前51年，高卢全境最终被恺撒率领的罗马军团所征服（la conquête romaine），高卢地区成为罗马帝国的一个行省。

2. 旧制度（l'Ancien Régime）通常指1589年亨利四世（Henri IV）登基至1789年法国大革命（参见注释3）爆发前的时代，主要指波旁王朝（les Bourbons）统治时期。

3. 法国大革命（la Révolution française）从1789年7月14日巴黎人民攻占巴士底狱，至1799年11月9日拿破仑发动"雾月政变"（le coup d'État du 18 Brumaire），前后延续10年，是一场深刻的政治、经济、社会和思想革命，猛烈冲击了旧制度赖以生存的社会与政治基础，彻底改变了法国的面貌。

4. 以国家男子足球队（les Bleus，直译为"蓝队"）为代表，法国许多体育项目的国家队队服的胸口都印有"高卢雄鸡"（le coq gaulois）标志，而具有100多年历史的法国著名运动品牌"乐卡克"（le coq sportif）更是以高歌（cocorico）的雄鸡作为商标。

关于"蓝队"的更多信息，请参见本书p.58。

5. 沙文主义（le chauvinisme）：一般指视本国、本民族的利益高于一切，甚至不惜煽动民族仇恨，用侵略、征服和奴役等手段损害他国和其他民族利益的思潮和行为。这一名词最早见于1831年上演的一部讽刺戏剧《三色帽徽》（*La Cocarde tricolore*），剧中塑造了一个名叫"尼古拉·沙文"（Nicolas Chauvin）的士兵，他狂热崇拜拿破仑，绝对拥护他侵略扩张的政策。

课后练习

LIRE 精读
1. Quel nom les Romains donnaient au peuple de Gaule ?
2. Quelle est l'origine de ce nom ?
3. À quelle période le coq est-il devenu un symbole officiel de la France ?
4. Le chant du coq correspond à quel moment de la journée ?
5. À quoi sert la girouette sur le clocher des églises ?
6. Sur quels objets peut-on trouver le coq, symbole national français ?
7. Quelle expression décrit une ferveur nationale exagérée ?
8. Quelles sont les qualités du coq ?
9. Quels sont ses défauts ?

PARLER 讨论
1. Selon vous, le coq est-il un bon représentant du caractère national ?
2. Citez des pays ou des régions qui sont symbolisés par des animaux.
3. Présentez d'autres types d'objets ou de formes utilisés pour créer des signes et des symboles.

RECHERCHER 探索
1. Des circonstances où des animaux sont utilisés pour illustrer des caractères, des traits psychologiques.
2. Le sens des expressions : « Avoir la chair de poule » et « Quand les poules auront des dents ».

Charles de Gaulle[①]

戴高乐

La place essentielle qu'occupe le général de Gaulle dans l'imaginaire national français s'explique par le rôle qu'il a joué au cours de la seconde guerre mondiale (1939~1945). Depuis Londres, où il appelait les Français à résister à l'occupation nazie dès le 18 juin 1940[②], jusqu'au moment où il descendait l'avenue des Champs-Élysées à la libération de Paris le 26 août 1944[③], de Gaulle a incarné la France libre et résistante contre l'ennemi et l'envahisseur.

En 1958, de Gaulle devient le premier président de la Ve République[④]. La nouvelle Constitution[⑤], réservant au président un pouvoir sans précédent sur les affaires de la nation, fournit à de Gaulle l'opportunité de tester, pendant une décennie, son projet pour la France : une nation forte, unie, indépendante, influente, sûre de sa tradition républicaine et profondément européenne[⑥]. Cet idéal national du général est ainsi devenu le gaullisme et ses valeurs sont aujourd'hui encore au cœur de la politique de ses successeurs.

Un an après les évènements de Mai 1968[⑦], qui ont fortement secoué le pays, les Français ont finalement désapprouvé le général à l'occasion d'un référendum, le forçant à démissionner de la présidence en avril 1969[⑧]. À 79 ans, le héros de la guerre se retirait donc enfin de la vie politique pour écrire ses mémoires[⑨]. Il meurt en novembre 1970.

Trente-cinq ans plus tard, en 2005, les Français étaient appelés à voter pour élire le plus grand homme de leur histoire : ils ont choisi le général de Gaulle.

词汇

incarner (*v.t.*) : représenter, symboliser 体现，具体化

envahisseur (*n.m.*) : qui occupe, envahit un pays, une région 入侵者，侵略者

sans précédent : qui n'a jamais eu lieu avant 前所未有的，史无前例的

fournir (*v.t.*) : donner, procurer 提供

décennie (*n.f.*) : une période de dix ans 十年

secouer (*v.t.*) : ébranler, déstabiliser, toucher fortement 动摇

démissionner (*v.i.*) : abandonner, quitter, renoncer à quelque chose 辞职

élire (*v.t.*) : choisir, nommer, désigner par un vote 选举

注释

1. 戴高乐（Charles de Gaulle，1890—1970）是法国杰出的政治家、军事家、战略家、外交家和作家，第五共和国（参见注释4）的缔造者和首任总统。他在法国被民众亲切地称为"戴高乐将军"（le Général de Gaulle）。

2. 1940年6月14日，纳粹德国军队占领巴黎，以贝当（Philippe Pétain，1856—1951）为首的法国政府宣布停止抵抗，并在6月17日发布公告，准备与侵略者媾和。针对这一投降卖国行径，流亡海外的戴高乐将军通过伦敦的英国广播公司（BBC）发表著名的《六·一八号召》（*Appel du 18 Juin*，又译《告法国人民书》），鼓舞法国人民坚持战斗，成为"自由法国运动"（la France libre）的发端。

3. 1944年8月26日，即德国占领军投降的第二天，戴高乐将军率领法兰西共和国临时政府的重要成员，在民众的热烈欢呼和簇拥

下，步行进入巴黎城，宣布首都解放。

4. 第五共和国（la Vᵉ République）：1946年10月建立的第四共和国
（la IVᵉ République）虽在恢复国民经济方面颇有建树，但其议
会制的政体造成党派林立，行政效力低下，加之对外政策的失
误，第四共和国面临严重危机。1958年5月，戴高乐将军重回政
坛；9月，法国举行全民公决，通过新宪法（la nouvelle Constitu-
tion），宣告第五共和国成立。1959年1月，戴高乐将军正式就任
共和国总统。

5. 1958年的《宪法》称得上是为戴高乐将军"量身订制"的一部宪
法，赋予共和国总统极为广泛的权力，从而实现戴高乐将军加强
行政权力、提高施政效率的理念。根据《宪法》的规定，总统几
乎可以完全不受议会的掣肘。直至今天，虽经多次修宪，但在法
国国家权力架构中，总统的优势地位依然十分明显。

6. 戴高乐将军是具有远见卓识的政治家，尽管"二战"中他视纳粹
德国为死敌，但战后积极推动欧洲各国和解与一体化的进程。
1963年1月22日，戴高乐总统与联邦德国的阿登纳总理（Konrad
Adenauer，1876—1967）签订《爱丽舍协议》（le traité de l'Ély-
sée），成为法德正式和解的标志。

7. 1968年5月，法国爆发"五月风暴"。为反对高度集中的教育制
度和管理体制，巴黎高等学校的大学生举行罢课，占领校园，并
与警察发生激烈冲突，该学生事件之后逐渐演变为波及全国的政
治动荡。关于"五月风暴"的更多信息，请参见本书p.121。

8. 1969年4月27日，戴高乐总统提出有关地方分权和参议院改革两
项法案，交由全民公决（le référendum）表决。此前，他通过电
视广播，公开承诺如果提案无法通过，则自行辞去总统职务。次
日，提案遭到全民公决否决，戴高乐随即发表简短演说，宣布辞
职，而根据当时的《宪法》他的总统任期应持续至1972年。这一
举动体现出戴高乐将军特立独行的风格。

9. 戴高乐将军辞去总统职务后，前往位于法国东北部的小镇科龙贝
（Colombey les Deux Églises）隐居，不问世事，专心撰写《战争
回忆录》（*Mémoires de guerre*），直至去世。

LIRE 精读

1. Que représente de Gaulle pour les Français ?
2. Comment le général de Gaulle est-il associé à la seconde guerre mondiale ?
3. De Gaulle a été président pendant quelle période ?
4. Quelle était la particularité de la nouvelle Constitution, en 1958 ?
5. De Gaulle avait quelle vision pour la France ?
6. Quel nom donne-t-on aux valeurs défendues par de Gaulle ?
7. Comment de Gaulle a-t-il quitté la politique ? Dans quelles circonstances ?
8. Qu'est-ce qui montre que les Français restent attachés à de Gaulle ?

PARLER 讨论

1. Décrivez la situation de la France pendant la seconde guerre mondiale, les circonstances de la libération de la France en 1944.
2. Commentez cette remarque du général de Gaulle : « Comment voulez-vous gouverner un pays où il existe 258 variétés de fromage ? »
3. Présentez des héros nationaux dans le monde.

RECHERCHER 探索

1. Des lieux en France nommés d'après le nom du général.
2. Le sens de cette citation du général de Gaulle : « Le patriotisme, c'est aimer son pays ; le nationalisme, c'est détester celui des autres ».

Jeanne d'Arc[1]

圣女贞德

Cette jeune fille née d'une famille de paysans de l'est de la France est une héroïne nationale. Son épopée extraordinaire de 1429 à 1431 a permis au pays de retrouver son indépendance et son unité grâce à ses campagnes militaires victorieuses contre les ducs de Bourgogne[2] et leurs alliés, les Anglais.

À l'âge de treize ans, Jeanne entend des voix célestes qui lui demandent de libérer le royaume occupé par les Anglais et d'installer le dauphin Charles VII sur le trône de France[3]. Trois ans plus tard, la jeune fille rassemble une armée de soldats enthousiastes, libère la ville d'Orléans alors aux mains des ennemis et conduit finalement le dauphin à son sacre dans la cathédrale de Reims. Après d'autres batailles, Jeanne est capturée près de Paris par les Bourguignons en juillet 1430[4]. La jeune fille est emprisonnée puis condamnée pour hérésie[5]. Elle est brûlée vive sur une place de Rouen[6] en mai 1431.

Jeanne d'Arc, appelée aussi la pucelle d'Orléans, représente la victoire de la sincérité et de la foi contre la violence et l'injustice. À une période critique de l'histoire du pays, Jeanne la charismatique[7] a redonné l'espoir à son peuple. Sa statue est souvent présente dans les églises de France ou sur les places des villes et villages.

Jeanne d'Arc a été aussi souvent revendiquée comme symbole par certains mouvements nationalistes[8]. Elle incarne dans ce cas l'idée de « pureté » de la nation mise en danger par les envahisseurs et les étrangers.

词汇

héroïne (*n.f.*) : forme féminine de héros 女英雄

épopée (*n.f.*) : une histoire, une aventure 传奇，史诗

grâce à : à la suite de 多亏，幸亏

campagne militaire (*n.f.*) : une bataille 军事行动，战役

sacre (*n.m.*) : un couronnement 加冕

hérésie (*n.f.*) : une trahison, une sécession 异端；邪说

pucelle (*n.f.*) : une jeune fille vierge 少女

foi (*n.f.*) : une conviction, une croyance 信仰

espoir (*n.m.*) : la certitude, la confiance 希望

revendiqué, e (*p.p.*) : utilisé 被使用的，被要求的

incarner (*v.t.*) : représenter 体现，具体化

注释

1. 贞德（Jeanne d'Arc，1412—1431）的家乡是位于法国东北部名为"栋雷米"（Domrémy）的一座小镇，1578年，为纪念贞德的功绩，该镇正式更名为"栋雷米–拉–皮塞勒"（Domrémy-la-Pucelle），其中"la Pucelle"意为"少女"，即为国殉难的贞德。

2. 勃艮第公爵（les ducs de Bourgogne）原本是法国王室的宗亲家族，但出于自身利益的考量，在英法百年战争中与英国结成联盟。

3. 传说贞德10多岁时，有一次去教堂做礼拜，风云突变，随即从天空中传来圣卡特琳（Sainte Catherine）、圣玛格丽特（Sainte Marguerite）和圣米歇尔（Saint Michel）的召唤，命令她去觐见王太子查理，辅助后者登基称王（即查理七世，Charles VII），把入侵者赶出法兰西。上述三位圣人都是法国的主保圣人（les patrons

de France），即守护圣者。

4. 1430年，贞德与勃艮第人作战时，在巴黎以北70多公里的贡比涅（Compiègne）不幸被俘。

5. 英国人用重金从勃艮第公爵手中"买来"被俘的贞德，妄图把"叛国"的罪名强加给贞德，但在审判过程中遭到贞德的有力驳斥，最终不得不求助宗教法庭，以所谓"异端"（l'hérésie）、"巫术"（la sorcellerie）等罪名对贞德施以残忍的火刑。

6. 鲁昂（Rouen）：法国西北部重要的港口城市，诺曼底大区（la Normandie）的首府。

7. 百年战争中，法国民间曾流传一本预言，书中写道："当法国陷于敌人之手时，上帝将派遣一位从洛林来的贞女拯救法国"，而当时贞德的家乡正好属于洛林地区（la Lorraine），从而给贞德的故事增添了宗教和神秘色彩。

8. 事实上，一直到1870年普法战争结束后，贞德才真正以民族英雄（une héroïne nationale）的形象出现在公共领域，这与当时法国因战败而民族主义、复仇心理逐渐兴起有密切的关系。1920年，也就是贞德殉难489年之后，罗马教廷才将其封圣，"圣女贞德"（Sainte Jeanne d'Arc）得以正名。

课后练习

LIRE 精读

1. À quelle époque a vécu Jeanne d'Arc ?
2. Pourquoi est-elle une héroïne de la France ?
3. Que symbolise-t-elle pour la France ?
4. Pourquoi est-elle partie en guerre contre l'ennemi ?
5. Quel âge avait-elle lors de la bataille d'Orléans ?
6. Qui a été couronné roi de France à Reims ?
7. Comment l'aventure de Jeanne d'Arc s'est-elle terminée ?
8. Comment l'histoire de Jeanne d'Arc est-elle exploitée à des fins politiques ?

PARLER 讨论

1. Nommez et présentez des femmes héroïnes dans le monde.

2. Débattez ces propositions :
   - Être patriote, ce n'est pas nécessairement être raciste.
   - Dans 50 ans, nous serons tous des « citoyens du monde ».

RECHERCHER 探索

1. Une brève biographie de la vie de Jeanne d'Arc.
2. Le contexte historique de la vie de Jeanne d'Arc, la Guerre de Cent Ans.

Légion d'honneur

荣誉军团勋章

La plus haute des distinctions françaises a été créée en 1802 par le Premier consul Bonaparte[1], futur empereur Napoléon 1er. Pour lui, la Légion d'honneur, parfois appelée la « croix des braves », devait « récompenser les militaires mais aussi les services et vertus civils ». Cette récompense, dont la devise est « Honneur et Patrie », est décernée par le président de la République.

Il existe trois grades et deux dignités dans la hiérarchie de cette distinction : Chevalier, Officier, Commandeur, puis Grand Officier et Grand'Croix. Parmi les récipiendaires de la plus haute distinction, très rarement attribuée, figurent Louis Pasteur[2], Gustave Eiffel[3], Claude Lévi-Strauss[4] et l'abbé Pierre[5]. Selon un décret du général de Gaulle, le nombre des « légionnaires vivants » de tous grades, français ou non-français, ne peut pas dépasser 125 000. Les deux-tiers de ces légionnaires sont des militaires, le reste est composé de civils.

Les femmes constituent actuellement 10% seulement du corps de la Légion d'honneur. Toutefois, le nombre de femmes ayant reçu cette distinction est en forte augmentation depuis ces vingt dernières années. Certains nominés notoires ont choisi de ne pas accepter cet honneur, comme George Sand[6], Guy de Maupassant[7], Pierre et Marie Curie[8], Jean-Paul Sartre[9], Simone de Beauvoir[10], Albert Camus[11], Catherine Deneuve[12], Brigitte Bardot[13].

词汇

distinction (*n.f.*) : récompense officielle, décoration （官方授予的）荣誉，勋章

vertu (*n.f.*) : qualité, action noble 美德，德行

décerner (*v.t.*) : attribuer, accorder 颁发，授予

grade (*n.m.*) : degré, échelon 等级，级别

dépasser (*v.t.*) : excéder, surpasser 超越

corps (*n.m.*) : groupe, ensemble, assemblée 团体

notoire (*adj.*) : célèbre, fameux, connu 著名的，杰出的

注释

1. 拿破仑（Napoléon Bonaparte，1769—1821）在1799年"雾月政变"后建立"执政府"（le Consulat），设置三位执政官（les trois consuls），表面上三人分权，实际上只有他所担任的第一执政（le Premier consul）掌握实权。关于"拿破仑"的更多信息，请参见本书p.130。

2. 路易·巴斯德（Louis Pasteur，1822—1895）：法国著名生物化学家，近代微生物学的奠基人，对医学和工农业生产贡献极大，比如发明狂犬病疫苗和"巴氏灭菌法"（la pasteurisation）。1881年，法国政府授予巴斯德"大十字"勋位。

3. 古斯塔夫·埃菲尔（Gustave Eiffel，1832—1923）：法国近现代著名工程师、发明家和工业家，埃菲尔铁塔与纽约自由女神像（la statue de la Liberté à New York）的主要设计者和建造者。1889年，埃菲尔铁塔建成之际，法国政府授予它的设计者"大十字"勋位。关于"埃菲尔铁塔"的更多信息，请参见本书p.173。

4. 克洛德·莱维–斯特劳斯（Claude Lévi-Strauss，1908—2009）：法国著名哲学家、作家，结构主义的奠基人之一，法兰西学术院院士。鉴于他对20世纪下半叶人类学和社会学所产生的重大影响，1991年法国政府授予他"大十字"勋位。

5. 皮埃尔神父（l'abbé Pierre，1912—2007）：法国著名社会活动家、慈善家和抵抗运动战士，伟大的人道主义者，2004年获

"大十字"勋位。关于"皮埃尔神父"的更多信息，请参见本书p.48。

6. 乔治·桑（George Sand, 1804—1876）：法国著名小说家、剧作家和文学评论家，19世纪最多产的作家之一，作品多以描绘田园风光为主，文笔清新流畅。

7. 居伊·德·莫泊桑（Guy de Maupassant, 1850—1893）：法国19世纪伟大的现实主义作家，代表作品包括《一生》（*Une vie*）、《俊友》（*Bel ami*）、《羊脂球》（*Boule de suif*）等。

8. 皮埃尔·居里（Pierre Curie, 1859—1906）和玛丽·居里（Marie Curie, 1867–1934，即"居里夫人"）：20世纪伟大的物理学家，现代放射科学的先驱者，"镭"和"钋"两种放射性化学元素的发现者。

9. 让–保罗·萨特（Jean-Paul Sartre, 1905—1980）：法国著名剧作家、小说家和思想家，20世纪最具影响力的哲学家之一，存在主义的领军人物，主要著作有《存在与虚无》（*L'Être et le Néant*），剧本《禁闭》（*Huis clos*），小说《恶心》（*La Nausée*）等。

10. 西蒙娜·德·波伏瓦（Simone de Beauvoir, 1908—1986）：法国当代著名哲学家、小说家、散文家和评论家，女权主义运动先驱和积极推动者，萨特的终身伴侣，代表著作为《第二性》（*Le Deuxième Sexe*）。关于"西蒙娜·德·波伏瓦"的更多信息，请参见本书p.191。

11. 阿尔贝·加缪（Albert Camus, 1913—1960）：法国当代著名哲学家、作家和评论家，存在主义的代表人物之一，代表作有小说《局外人》（*L'Étranger*）、《鼠疫》（*La Peste*），剧本《卡里古拉》（*Caligula*）、《西西弗斯神话》（*Le Mythe de Sisyphe*）等。

12. 卡特琳·德纳芙（Catherine Deneuve, 1943—）：法国当代著名电影演员，两度夺得凯撒电影节最佳女演员大奖。关于"卡特琳·德纳芙"的更多信息，请参见本书p.67。

13. 碧姬·芭铎（Brigitte Bardot, 1934— ）：法国著名影星、歌手和模特，欧洲战后流行时尚的代表人物。关于"碧姬·芭铎"的更多信息，请参见本书p.51。

课后练习

LIRE 精读

1. Qui a fondé la Légion d'honneur et à quelle époque ?
2. À qui est-elle destinée ?
3. Qui remet cette décoration aux lauréats ?
4. Parmi les différents degrés, quel est le plus prestigieux ?
5. Doit-on être français pour recevoir la Légion d'honneur ?
6. Quel groupe est majoritaire parmi les légionnaires ?
7. Quel est le nombre maximum de légionnaires ?
8. Y a-t-il beaucoup de femmes légionnaires ?
9. Existe-t-il des cas où un récipiendaire refuse cette décoration ?

PARLER 讨论

1. Citez des distinctions nationales dans d'autres pays.
2. Commentez les opinions contradictoires suivantes :
   - Les médailles ne sont importantes que pour ceux qui les donnent ou qui les reçoivent.
   - Les récompenses nationales encouragent les citoyens à contribuer au développement du pays.

RECHERCHER 探索

1. Les différents ordres de mérite national en France. Les disciplines, les domaines récompensés par ces distinctions.
2. Le sens de cette remarque de E.M. Cioran : « On n'habite pas un pays, on habite une langue. Une patrie, c'est cela et rien d'autre » (*Aveux et anathèmes*, 1987).

Mai 68

五月风暴

Les évènements qui ont eu lieu en mai 1968 sont à la fois le résultat d'une crise en gestation et le point de départ de nombreux changements dans la société française. La révolte de 68 a été le fait d'une jeunesse lassée des valeurs consuméristes de la France conservatrice de l'après-guerre[①], menée par le général de Gaulle.

Mai 68 a été marqué par les manifestations massives des étudiants à Paris et dans toutes les villes de France, les grèves générales des employés et des ouvriers solidaires, les violents affrontements avec la police, la paralysie économique du pays[②]. La France était soudainement confrontée à un mouvement radical de sa jeunesse et des travailleurs réclamant une société plus juste, plus libre, plus centrée sur la dimension humaine de ses citoyens. Un célèbre graffiti sur un mur de l'Université Censier[③] à Paris résume l'esprit de 68 : « L'émancipation de l'homme sera totale ou ne sera pas »[④].

Une solution politique a permis de sortir de la crise : le parlement a été dissous fin mai et les élections du mois suivant ont assuré une majorité encore plus solide aux députés conservateurs. Le mouvement s'est ainsi éteint, mais les idées de Mai 68 ont survécu. De nombreuses réformes qui ont suivi ont été inspirées par les revendications des manifestants. Beaucoup de responsables politiques et économiques aujourd'hui sont d'anciens « soixante-huitards »[⑤].

en gestation : en latence, en préparation 处在酝酿之中

lassé, e (*adj.*) : dégoûté, ennuyé 厌倦的

consumériste (*adj.*) : qui se rapporte à la société de consommation 消费主义的

mener (*v.t.*) : diriger, contrôler 领导，管理

manifestation (*n.f.*) : une protestation 示威游行

grève (*n.f.*) : la cessation du travail par les employés, les ouvriers 罢工

affrontement (*n.m.*) : une confrontation, un combat 冲突，对峙

réclamer (*v.t.*) : demander, exiger 要求

dissoudre (*v.t.*) : abolir, annuler 解散；废除

éteindre (*v.t.*) : finir, cesser, prendre fin 熄灭；平息

survivre (*v.i.*) : durer, rester 幸免于难；继续存在

revendication (*n.f.*) : une demande, une exigence 要求，主张

注释

1. "二战"后（l'après-guerre），法国政坛长期为右翼保守政党集团控制（即文中提到的"保守的法国"，la France conservatrice）。此时正值西方资本主义国家向"消费社会"转型，政府大力宣扬消费主义价值观（les valeurs consuméristes），高速增长的物质欲望与人们日渐匮乏的精神世界产生强烈的对比，越来越多的人对这样的社会感到不满。

2. 学生的行动逐步得到工人、农民及多个行业的支持。同年5月13日，法国总工会（CGT）宣布实行全国总罢工，导致整个法国国民经济陷于瘫痪（la paralysie économique du pays）。

3. 此处Censier并不是学校的名称，而是指当年巴黎大学的文学院所在地，如今属巴黎三大（Université Paris III）。

4. "五月风暴"中的许多口号或流行语都带有反传统、反权威，甚至无政府主义的色彩，如"人类解放若不彻底，那就并非解放"（L'émancipation de l'homme sera totale, ou ne sera pas.），

"禁止禁止"（Il est interdit d'interdire.），"无秩序，即秩序"（L'anarchie, c'est l'ordre）。

5. "五月风暴"的参加者（les soixante-huitards）大多是具有激进思想的青年，其中一些骨干逐渐成为法国政坛的明星人物，例如运动的发起者之一达尼埃尔·科恩–庞蒂（Daniel Cohn-Bendit），后来成为欧洲以环保著称的"绿党"的领袖人物。

课后练习

LIRE 精读

1. Comment s'explique le mouvement de protestation de Mai 68 ?
2. Qui dirigeait la France à cette époque ?
3. Qui étaient les manifestants ?
4. Que s'est-il passé durant ces manifestations ?
5. Quelles étaient les demandes des manifestants ?
6. Comment le mouvement a-t-il cessé ?
7. Comment peut-on dire que Mai 68 subsiste toujours aujourd'hui ?
8. Quelle expression familière qualifie un manifestant de Mai 68 ?

PARLER 讨论

1. Citez des exemples de mouvements populaires récents dans le monde qui ont menacé des gouvernements.
2. Dites si, selon vous, les critiques anticonsuméristes des manifestants de Mai 68 sont toujours valables aujourd'hui.
3. Commentez le plus célèbre des slogans de Mai 68 : « Sous les pavés, la plage ».

RECHERCHER 探索

1. Les débuts, les causes de l'agitation dans les universités parisiennes en 1968.
2. Des slogans, des affiches de Mai 68.

Marianne

玛丽安娜

Le buste de Marianne est présent dans toutes les mairies françaises, les écoles, ainsi que dans de nombreux édifices officiels. Marianne est aussi représentée sur les timbres poste et, jusqu'à récemment, sur les pièces de monnaie. Ce personnage symbolise la France, la République et la principale de ses valeurs : la liberté.

L'origine de Marianne remonte à la Révolution française et plus particulièrement à 1792[1], lorsque la République a été proclamée. Marianne porte un bonnet phrygien, comme la plupart des révolutionnaires à cette époque. Le bonnet phrygien est une référence aux esclaves affranchis sous l'Empire romain, qui portaient ce bonnet pour marquer leur liberté retrouvée. Au 18e siècle, Marianne était un prénom très fréquent en France, il associe Marie, la mère du Christ, et Anne, la mère de Marie.

Le tableau d'Eugène Delacroix[2], *La Liberté guidant le peuple* (1831), représente Marianne combattant avec le peuple parisien pendant les trois journées révolutionnaires de juillet 1830[3]. Plus récemment, des Françaises célèbres ont servi de modèles au buste de Marianne : les actrices Brigitte Bardot[4] et Catherine Deneuve[5], la chanteuse Mireille Mathieu[6], la mannequin de mode et actrice Laetitia Casta[7].

mairie (*n.f.*) : le bâtiment administratif et officiel d'une ville, d'une municipalité 市（镇）政府，市政厅

édifice (*n.m.*) : un bâtiment 建筑

proclamer (*v.t.*) : déclarer 宣布；声明

la plupart de : la majorité de 大部分

esclave (*n.m.*) : une personne sous la dépendance d'un maître 奴隶

affranchi, e (*adj.*) : libéré, libre 被解放的，获得自由的

注释

1. 1789年法国大革命（la Révolution française）爆发，1792年9月21日，国民公会（la Convention nationale）的议员通过表决，宣布废除君主制，建立共和国，史称法兰西第一共和国（la Première République française，1792—1804）。

2. 欧仁·德拉克鲁瓦（Eugène Delacroix，1798—1863）：法国19世纪浪漫主义画派的杰出代表，《自由引导人民》（*La Liberté guidant le peuple*）是他的经典之作。

3. 1830年7月，在资产阶级的推动下，巴黎人民发动武装起义，推翻了复辟的波旁王朝，查理十世（Charles X）仓皇出逃。由于这场革命运动仅持续了3天（7月27—29日），史称"光荣三日"（les Trois Glorieuses）。

4. 碧姬·芭铎（Brigitte Bardot，1934— ）：以性感、美艳著称的法国演员和模特，1968年当选"玛丽安娜"形象代言人。关于"碧姬·芭铎"的更多信息，请参见本书p.51。

5. 卡特琳·德纳芙（Catherine Deneuve，1943— ）：法国20世纪下半叶最著名的法国电影演员之一，1985年当选"玛丽安娜"形象代言人。关于"卡特琳·德纳芙"的更多信息，请参见本书p.67。

6. 米蕾耶·马蒂厄（Mireille Mathieu，1946— ）：享有国际声誉的法国著名歌手，擅长歌舞表演，1978年当选"玛丽安娜"形象代言人。

7. 利蒂希娅·卡斯塔（Laetitia Casta，1978— ）：法国超级名模和演员，2000年当选"玛丽安娜"形象代言人。

课后练习

LIRE 精读

1. Où peut-on voir la statue de Marianne ?
2. Qui est Marianne ?
   De quelle époque vient-elle ?
3. Que représente Marianne ? Quelles valeurs ?
4. Que porte-t-elle sur la tête ?
   Quel est le symbolisme de cette coiffure ?
5. D'où vient son nom ?
6. Quel peintre a célébré Marianne ?
   Dans quelles circonstances ?
7. Le visage de Marianne est-il fixé ?
   Comment change-t-il ?

PARLER 讨论

1. Présentez des symboles qui expriment l'idée de liberté.
2. Commentez les propositions suivantes :
   - La féminité symbolise bien l'idée de nation.
   - La nation doit être représentée par un symbole exprimant la force, la puissance.

RECHERCHER 探索

1. L'évolution du portrait de Marianne, les modèles utilisés, les accessoires portés par Marianne.
2. Les lieux, les objets où Marianne est représentée.
3. Les symboles de la patrie dans différents pays du monde.

Marseillaise 《马赛曲》

Quand l'officier de l'armée révolutionnaire Rouget de Lisle a composé en une nuit d'avril 1792 *Le chant de guerre pour l'Armée du Rhin*[1], il ne se doutait pas que son œuvre allait connaître une telle prospérité. En effet, quelques mois plus tard, les soldats volontaires de Marseille adoptaient ce chant et, en reconnaissance de leur bravoure exemplaire contre l'ennemi, l'œuvre de Rouget de Lisle est renommée *La Marseillaise*. Mais c'est seulement en 1879, sous la IIIᵉ République, que ce chant est définitivement déclaré hymne officiel français[2].

Chaque enfant en France qui récite pour la première fois le texte de *La Marseillaise* éprouve une certaine appréhension : il est en effet question dans ce chant de « l'étendard sanglant » de la patrie qui doit repousser de « féroces soldats » venant « égorger nos fils et nos compagnes ». Les « citoyens » sont ainsi appelés à prendre leurs « armes » et à « marcher » pour « qu'un sang impur abreuve nos sillons »[3].

Cette rhétorique guerrière et patriotique ponctuée par une musique militaire constitue le chant sacré d'union que les Français entendent et prononcent avec émotion dans les moments où la Nation est invoquée.

127

词汇

ne pas se douter (*v.pr.*) : ne pas savoir, ne pas présager ou prévoir 没想到

œuvre (*n.f.*) : un travail, une création artistique （文学或艺术）作品

prospérité (*n.f.*) : succès, développement 成功；繁荣

en reconnaissance de : par gratitude pour, en hommage à 对……表示感激或崇敬

bravoure (*n.f.*) : le courage 英勇，无畏

éprouver (*v.t.*) : sentir, avoir un sentiment 感受到，体验到

appréhension (*n.f.*) : l'angoisse, la peur 极度焦虑；恐惧

étendard (*n.m.*) : un drapeau 旗帜

égorger (*v.t.*) : couper la gorge, assassiner 割喉；屠杀

abreuver (*v.t.*) : arroser 浇灌，浸透

sillon (*n.m.*) : un champ cultivé, la terre 田野，耕田

注释

1. 鲁日·德·李尔（Rouget de Lisle，1760—1836）：法国军事工程师、诗人、作曲家和剧作家，大革命（la Révolution française）爆发后担任革命军队的工兵上尉，1792年4月创作了《莱茵军团战歌》（*Le Chant de guerre pour l'Armée du Rhin*）。三个月以后，马赛的工人革命队伍高唱这首歌挺进巴黎，为了向他们的英勇无畏致敬，该歌曲遂改名为*la Marseillaise*（《马赛曲》）。

2. 法国自1789年大革命爆发，直至1870年普法战争结束，近100多年政局动荡起伏，《马赛曲》的命运可谓坎坷艰辛：在拿破仑帝国（1804—1815）、波旁王朝复辟（1815—1830）、七月王朝（1830—1848）、第二帝国（1852—1870）等时代，《马赛曲》均被视为"禁曲"。1870年第三共和国（la IIIᵉ République）成立，1879年法国彻底确立共和制度，同年《马赛曲》正式成为法兰西共和国的国歌，并沿用至今。

3. 《马赛曲》是军队的进行曲，在激昂的军乐伴奏下，歌词极具号召力和战斗性，如：l'étendard sanglant（沾满鲜血的旗帜）、fé-

roces soldats（凶残的士兵）、égorger nos fils, nos compagnes（屠杀我们的妻儿）、aux armes, citoyens（公民们，拿起武器）、qu'un sang impur abreuve nos sillons（让肮脏的鲜血浸透我们的田野）等。

课后练习

LIRE 精读

1. *La Marseillaise* est liée à quelle période de l'histoire de France ?
2. Qui est son auteur ?
3. Dans quelles circonstances ce chant a-t-il été chanté pour la première fois ?
4. Quand *La Marseillaise* est-elle devenue hymne national ?
5. Pourquoi peut-on dire que *La Marseillaise* est un chant de guerre ?
6. À quelle occasion chante-t-on *La Marseillaise* ?

PARLER 讨论

1. Selon vous, les paroles de *La Marseillaise* sont-elles intimidantes ?
2. Présentez quelques circonstances au cours desquelles les hymnes nationaux sont joués et chantés.

RECHERCHER 探索

1. Le sens de cette remarque de l'historien Thomas Carlyle : « *La Marseillaise* est le chant qui fait bouillir le sang dans les veines, qu'on chante avec des pleurs et du feu dans les yeux, avec un cœur bravant la mort ». (*Histoire de la Révolution française*, 1867).
2. Les thèmes, les paroles de différents hymnes nationaux dans le monde.

Napoléon[①]

拿破仑

Les Français manquent-ils de constance ? Ils renversent puis déca-pitent un roi en 1792[②] et douze ans plus tard, ils couronnent leur nouvel empereur, plus puissant et plus grand encore que le plus fameux de leurs rois, Louis XIV[③].

La Révolution (1789-1799) a été faite par le peuple[④], mais le pouvoir reste le privilège de brillants tacticiens, et Napoléon est assurément l'un d'eux. Né sur la magnifique île de la Corse[⑤], le général Bonaparte a remis de l'ordre dans les affaires de la France, sérieusement éprouvée par dix ans d'agitation révolutionnaire. Il restaure la grandeur et la fierté nationales en bâtissant un vaste empire européen, allant même combattre les Anglais en Égypte[⑥].

Un vaste empire mais éphémère : Waterloo[⑦], le nom de la gare londonienne où arrivaient jusqu'à récemment les trains Eurostar[⑧] en provenance de Paris, est synonyme de catastrophe et d'humiliation pour tous les Français.

Mais de l'ère napoléonienne reste un héritage vital : un Code civil[⑨] encore en usage aujourd'hui, des structures administratives toujours valides, des grandes écoles qui forment l'élite française, un système monétaire, la Banque de France[⑩], la Légion d'honneur[⑪], l'église de la Madeleine[⑫] à Paris, le Pont de pierre à Bordeaux[⑬]... Il reste aussi le tombeau de l'empereur aux Invalides[⑭] et les somptueux tableaux de David[⑮] au musée du Louvre, célébrant une gloire passée.

词汇

constance (*n.f.*) : la continuité 恒定，稳定，持久
renverser (*v.t.*) : détrôner, faire tomber, chuter 推翻，颠覆
décapiter (*v.t.*) : couper la tête par la guillotine 斩首，砍头
couronner (*v.t.*) : choisir un nouveau roi, empereur 加冕
assurément (*adv.*) : certainement, sûrement 肯定地，的确
éprouvé, e (*adj.*) : qui a beaucoup souffert 遭受不幸的
éphémère (*adj.*) : qui ne dure pas 短暂的
en provenance de : qui vient de 来自于

注释

1. 拿破仑（Napoléon Bonaparte, 1769—1821）：法国19世纪最伟大的政治家、军事家、外交家，法兰西第一帝国（le Premier Empire, 1804—1815）的缔造者。

2. 1792年12月10日至26日，国民公会（la Convention nationale）对已被废除的路易十六（Louis XVI, 1754—1793）进行审判。1793年1月15日，经过激烈辩论，国民公会大多数议员赞成以叛国罪处决前国王；1月21日，在一个寒风凛冽的冬日，路易十六在巴黎被推上了断头台。

3. 路易十四（Louis XIV, 1638—1715）：自命为"太阳王"（le Roi Soleil），法国历史上统治时间最长的君主之一，在位期间（1643年—1715年）实行绝对君主制，使法国成为欧洲最强大的君主国，文化艺术事业空前繁荣。

4. 从攻占巴士底狱（la prise de la Bastille）到瓦尔密大捷（la victoire de Valmy），直至处决路易十六，人民群众在法国大革命（la Révolution française）的进程中始终发挥着主力军和推动者的作用。

5. 科西嘉（la Corse）：地中海上的四大岛屿之一，历史上几经易手，直至1768年才最终成为法国的领土，因其在语言、文化等方面独具特色，与法国其他行政区相比，享有较高的自治权。科西嘉行政区的首府是阿雅克肖（Ajaccio），拿破仑就诞生于此。

6. 1798年5月，波拿巴将军（le général Bonaparte）奉督政府（le

Directoire）之命远征埃及，目的在于控制红海，切断英国通往印度的线路，进而向东方扩张法国的势力。战事之初，法军取得"金字塔战役"（la Bataille des Pyramides）的胜利，迅速占领了开罗，但由于后援舰队被英国海军全歼，加之第二次反法联盟建立，威胁法国边境，导致法国国内政局动荡不定，于是拿破仑留下大军，自己秘密潜回法国，发动"雾月政变"，夺取权力。

7. 滑铁卢（Waterloo）：比利时首都布鲁塞尔以南约20公里的一座小镇，1815年6月18日，拿破仑率领的法军在此与以英国和普鲁士为主力的反法同盟军队展开决战（la bataille de Waterloo），最终拿破仑战败，法兰西第一帝国覆亡。另外，"滑铁卢"也是现今伦敦一座铁路与交通转运车站的名称。

8. "欧洲之星"（Eurostar）：法国高速铁路（TGV）大西洋线的主要列车，1994年通车，从巴黎东站出发，通过拉芒什海峡（即英吉利海峡）的海底隧道，仅需2个小时即可到达伦敦的滑铁卢车站。

9. 《民法典》（Code civil）：资产阶级国家最早的一部法典，大陆法系的重要文献，拿破仑亲自审核并参与编撰，常被称为《拿破仑法典》（Code Napoléon）。该法典再次确认了法国大革命所推崇的"法律面前人人平等"、"私有财产神圣不可侵犯"和"契约自治"等理念，成为后世许多欧洲国家效仿的典范。

10. 法兰西银行（la Banque de France）：1800年由时任第一执政的拿破仑下令创建，这是法国有史以来首次设置中央银行。

11. 荣誉军团勋章（la Légion d'honneur）：法国政府颁发的最高荣誉勋章，1802年由时任第一执政的拿破仑下令创立。关于"荣誉军团勋章"的更多信息，请参见本书p.117。

12. 马德莱娜教堂（l'église de la Madeleine）：位于巴黎第8区的马德莱娜广场（la place de la Madeleine），新古典主义（le néo-classicisme）建筑的代表作品之一。1806年底，拿破仑为彰显其军队在多场战役中取得的辉煌战绩，下令对此处原有的建筑进行大规模的拆除，仅保留立柱，重新设计一座希腊神庙式的纪念堂。由于19世纪初期法国政治动荡频繁，修建工程前后延续了80多年，建筑物本身的用途也几经变更。1842年7月24

日，即圣玛丽-马德莱娜纪念日（le jour de la sainte Marie-Madeleine），一场正式的祝圣仪式在此举行，从此该建筑即作为天主教教堂沿用至今。

13. 皮埃尔桥（le Pont de pierre à Bordeaux）：坐落在波尔多（Bordeaux）城中加龙河（la Garonne）上的一座砖石桥，1810年由拿破仑下令修建，但由于工程难度大，直至1822年才竣工完成。

14. 荣军院（l'hôtel des Invalides）：直译为"残老军人院"，位于巴黎第7区塞纳河左岸，始建于路易十四时期，用作收养照顾伤残军官和士兵的国家收容所。1804年7月14日，拿破仑在此举行盛大的授勋仪式，亲自向那些功勋卓著的将士颁发法兰西帝国的最高荣誉——荣誉军团勋章。1840年12月15日，法国政府将拿破仑的遗骸从圣赫勒拿岛运回，并举行隆重仪式将昔日皇帝的灵柩安葬在荣军院之中。

15. 雅克-路易·大卫（Jacques-Louis David，1748—1825）：法国新古典主义画派的奠基人，曾积极投身法国大革命，拿破仑掌权后成为其坚定的支持者和御用画家，代表作品有《马拉之死》（La Mort de Marat）、《第一执政穿越阿尔卑斯山脉圣贝尔纳山口》（Le Premier Consul franchissant les Alpes au col du Grand-Saint-Bernard）、《拿破仑加冕》（le sacre de Napoléon）等。

课后练习

LIRE 精读

1. Pourquoi peut-on dire que les Français changent souvent d'avis ?
2. Quand Napoléon est-il devenu l'empereur des Français ?
3. D'où venait Napoléon ?
4. Qu'est-ce que Napoléon a apporté à la France ?
5. Quel lieu symbolise sa défaite ?
6. De quelle manière l'époque napoléonienne est toujours présente dans la France d'aujourd'hui ?
7. Où se trouve le corps de Napoléon aujourd'hui ?
8. Quel peintre a immortalisé son image ?

PARLER 讨论

1. Nommez et présentez des grands bâtisseurs d'empires dans l'histoire.
2. Commentez ces remarques de Napoléon :
   - « Aux yeux des fondateurs des grands empires, les hommes ne sont pas des hommes, mais des instruments » (*Maximes de guerre et pensées*, 1863).
   - « On ne conduit le peuple qu'en lui montrant un avenir : un chef est un marchand d'espérance » (*Maximes de guerre et pensées*, 1863).

RECHERCHER 探索

1. Les grandes batailles napoléoniennes.
2. L'empire napoléonien à son apogée.
3. Les circonstances de la fin de Napoléon, sa défaite, son exil.

République 共和国

Pour mieux comprendre la société française, ses débats et ses polémiques, il faut les examiner à la lumière des principes républicains qui constituent l'identité politique du pays. Ces principes, fondés sur les valeurs de justice et de démocratie, favorisent un État interventionniste et intégrationniste[1]. C'est sous la Révolution que la République française est établie sur la base de la *Déclaration des droits de l'homme et du citoyen* (1789)[2], que résume la devise nationale : Liberté, Égalité, Fraternité[3].

Aujourd'hui, la France est définie par le premier article de la Constitution de 1958 comme une « République indivisible, laïque, démocratique et sociale ».

La République est indivisible : les lois sont formulées par les représentants du peuple (le Parlement)[4], elles s'appliquent à tous et sur tout le territoire français ; les citoyens sont égaux et bénéficient des mêmes droits, quelles que soient leur couleur, leur origine, leur religion.

La République est laïque : l'État est neutre, il ne favorise ou ne finance aucun culte religieux mais garantit aux citoyens la liberté de conscience et de croyance ; toute démonstration d'appartenance religieuse par ceux qui servent l'État (les fonctionnaires) est interdite et les signes religieux ostentatoires dans les établissements scolaires sont proscrits (depuis 2004)[5].

135

La République est démocratique : l'État garantit aux citoyens la liberté d'opinion, la liberté de se déplacer, de se réunir et de manifester ; l'élection des représentants du peuple est faite au suffrage universel. La République est sociale : l'État est solidaire des citoyens, il promeut l'égalité des chances en assurant l'école pour tous, il intervient pour assurer le bien-être social et la santé des citoyens en garantissant l'accès aux services publics.

▌词汇

à la lumière de : par rapport à 根据，依照

devise (*n.f.*) : le précepte national 箴言，座右铭

laïque (*adj.*) : séculier, indépendant de toute religion 世俗的，非宗教的

droit (*n.m.*) : la faculté de faire quelque chose, de jouir d'un privilège 权利

quel que soit : sans distinction 无论

ostentatoire (*adj.*) : apparent, visible 炫耀的，明显的

proscrit, e (*adj.*) : non autorisé, interdit 被废除的，被禁止的

manifester (*v.i.*) : exprimer son mécontentement 举行示威

suffrage (*n.m.*) : le vote 选举（投票）

promouvoir (*v.t.*) : faciliter, encourager 促进，推动

▌注释

1. 翻译参考：Ces principes, fondés sur les valeurs de justice et de démocratie, favorisent un État interventionniste et intégrationniste. 这些原则以公正和民主为基础，有利于主张公权干预和民族融合的国家。

2. 《人权和公民权利宣言》（*La Déclaration des droits de l'homme et du citoyen*，简称《人权宣言》）：法国大革命（la Révolution Française）的纲领性文件，1789年8月由制宪议会（l'Assemblée constituante）颁布，核心内容是阐明资产阶级的人权要求和以法

治国的主张，集中体现以卢梭（Jean-Jacques Rousseau）为代表的启蒙思想家所崇尚的"主权在民"、"天赋人权"、"法律面前人人平等"、"私有财产神圣不可侵犯"等理念。

3. 自由、平等、博爱（*Liberté, Égalité, Fraternité*）是法兰西共和国的立国箴言（la devise de la République française），集中体现《人权宣言》的民主精神。

4. 法国的议会（le Parlement）分为国民议会（l'Assemblée nationale）和参议院（le Sénat），国民议会的议员（les députés）通过全民直接普选（le suffrage universel direct）产生，参议院的参议员（les sénateurs）通过全民间接普选（le suffrage universel indirect）产生。

5. 1905年，法国议会通过《政教分离法》（*la Loi de séparation de l'Église et de l'État*），将教会的势力排除在公共事务，尤其是教育领域之外。2004年，法国政府颁布法案，禁止在公共教育机构出现明显反映宗教信仰的标志，包括穆斯林头巾、犹太教小帽、基督徒的大型十字架等。

课后练习

LIRE 精读

1. Sur quels fondements reposent les principes républicains ?
2. À quelle époque a été fondée la République en France ?
3. Quel texte historique a inspiré la Constitution républicaine ?
4. Quelles sont les quatre dimensions qui caractérisent la République française ?
5. Comment l'État garantit-il la liberté de ses citoyens ?
6. Comment l'État promeut-il l'égalité parmi les citoyens ?
7. De quelle manière l'État démontre-t-il sa fraternité envers les citoyens ?
8. Qu'est-ce qui indique la nature séculière de l'État français ?

PARLER 讨论

1. Expliquez cette remarque de Jean Jaurès : « La République, c'est le droit de tout homme, quelle que soit sa croyance religieuse, à avoir sa part de la souveraineté » (*Action socialiste*, 1892).

2. Choisissez et commentez la proposition la plus proche de votre opinion personnelle :
   - L'État doit jouer un rôle important dans les affaires publiques (interventionnisme).
   - Le rôle de l'État dans les affaires publiques doit être minimal (libéralisme).

RECHERCHER 探索

1. Le fondateur de l'actuelle Ve République en France. Les différences principales entre cette Constitution de 1958 et les précédentes.
2. La question de l'immigration en France : communautarisme ou intégrationnisme, la réponse républicaine à ce débat.

Liberté · Égalité · Fraternité
RÉPUBLIQUE FRANÇAISE

POUR FAIRE LE POINT 单元小结

De quelles icônes s'agit-il ? 猜一猜

1. C'est un lieu fréquenté par des personnalités très cultivées qui fabriquent un dictionnaire.
2. Le long de la Loire, ils témoignent d'une époque de renouveau en France.
3. Il se dresse au centre des villes et des villages dans toutes les campagnes françaises.
4. On entonne ce chant dans les grandes occasions pour célébrer l'unité de la nation.
5. Ses principes ont été élaborés sous la Révolution et elle définit l'identité politique et sociale de la France.
6. Fondateur de l'actuelle Constitution, il a aussi été un héros national.
7. On le trouve au sommet des clochers ou sur les maillots des sportifs nationaux.
8. C'est une femme, elle représente la République et la liberté.
9. Si cette jeune fille n'était pas intervenue, on parlerait peut-être anglais en France, aujourd'hui.
10. Si vous avez rendu un grand service à la France, le président vous offrira cette récompense.
11. Il a régné sur toute l'Europe puis a fini sa vie au milieu de l'Atlantique.

参考答案在本书 p. 286

Industrie, éducation, travail
工业、教育、工作

2CV

雪铁龙 2CV 车系

Les premiers modèles de la « deux-chevaux » Citroën[1] ont été commercialisés en 1948 et, dès les années cinquante, cette extraordinaire automobile circulait partout sur les routes de France.

Bon marché, ultra économique, infatigable, équipée d'un moteur très simple qui nécessite peu d'entretien, capable de rouler sur tous les terrains avec sa suspension[2] exceptionnelle, la 2CV a connu un succès unique dans l'histoire de l'automobile et sa production n'a cessé qu'au début des années 90[3].

Conduire une 2CV est une expérience : la toile qui la recouvre peut être enroulée en quelques secondes, elle tangue comme un navire, penche dans les virages, se cabre comme un cheval, rugit quand on rétrograde... Jamais voiture n'a été plus organique, plus humaine. La 2CV est ainsi devenue un style de vie, une automobile pour ceux qui veulent rouler au meilleur prix et avec humour.

On voit rarement des 2CV sur les routes aujourd'hui, mais la légende continue : il existe un musée de la 2CV près de Strasbourg et des dizaines d'associations organisent régulièrement des évènements autour de ce véhicule mythique.

词汇

entretien (*n.m.*) : le soin, la maintenance 维护，保养

tanguer (*v.i.*) : balancer (comme un bateau) 摇晃，前后颠簸

navire (*n.m.*) : un bateau 船舶

pencher (*v.i.*) : incliner 倾斜

se cabrer (*v.pr.*) : se dresser, se mettre debout 直立

rugir (*v.i.*) : crier, hurler 咆哮，轰鸣

rétrograder (*v.i.*) : passer d'une vitesse supérieure à une vitesse inférieure （汽车）换低挡

注释

1. 雪铁龙（Citroën）：法国三大汽车制造企业之一，1915年由著名工程师、发明家和工业家安德烈·雪铁龙（André Citroën）创立，初期以生产小客车和轻型载货车为主，后逐渐扩展到各类车型。1976年，雪铁龙公司与标致公司（Peugeot）合并，成立法国标致–雪铁龙集团（PSA）。

2. 汽车悬挂装置（la suspension）通常指由车身与轮胎之间的弹簧和避震器组成的整个支持系统，对轿车的稳定性、安全性和舒适度起到决定性的作用。

3. 1948年至1990年间，雪铁龙2CV型轿车总共生产近500万辆，堪称世界汽车史上的一段传奇。

课后练习

LIRE 精读

1. La 2CV a été produite par quelle marque automobile française ?
2. À quelle époque a-t-elle été introduite sur le marché ?
3. Quelles sont les caractéristiques principales de la 2CV ? Quelles sont ses qualités, quels sont ses avantages ?
4. Pourquoi peut-on dire que la 2CV est une automobile vivante ?
5. La 2CV est-elle toujours fabriquée ?
6. De quelle manière la 2CV est-elle célébrée aujourd'hui ?

PARLER 讨论

1. Décrivez les voitures contemporaines, leurs formes, leurs caractéristiques.
2. Dites ce qui est important pour la fabrication d'automobiles, les priorités qui doivent entrer dans leur conception.
3. Débattez les propositions suivantes :
   - Une automobile, c'est seulement un moyen de se déplacer.
   - Une automobile reflète le statut social de son propriétaire.

RECHERCHER 探索

1. Les fabricants d'automobiles en France, leur place sur le marché mondial.
2. Des mots d'argot, des expressions populaires en français qui font référence à l'automobile.

Cocotte-minute

快易高压力锅

La Cocotte-minute est plus qu'un autocuiseur, c'est le symbole d'une époque qui favorise la rapidité, l'automatisme et la technologie. Inventée en 1953 par la société SEB[1], on la trouve aujourd'hui dans la plupart des cuisines de France et 50 millions d'unités ont été vendues dans le monde.

Avec son système de haute pression, la cocotte-minute divise par trois ou quatre le temps de cuisson des aliments, c'est-à-dire qu'une pomme de terre cuira en 5 minutes au lieu de 15. On comprend tout de suite l'avantage que ce gain de temps représente pour les gens pressés, ainsi que pour toutes les femmes qui travaillent à l'extérieur la journée mais qui doivent encore préparer le dîner.

La fameuse « cocotte »[2] – onomatopée pour « poule » – est même passée comme expression dans la langue : dans une interview, un politicien pessimiste[3] qualifiait la France de « cocotte-minute », signifiant par là que le pays était sous pression et sur le point d'exploser. Mais la Cocotte-minute est parfois critiquée : on dit en effet qu'à cause de la chaleur excessive qu'elle produit, les vitamines et les sels minéraux sont détruits et le goût des aliments est modifié. Est-ce le prix à payer pour cuisiner plus vite ?

la plupart de : la majorité 大部分
au lieu de : à la place de 不是……（而是……）；取代
pressé, e (*adj.*) : qui n'a pas le temps 急匆匆的
goût (*n.m.*) : la saveur 味道，滋味

注释

1. 赛博公司（la société SEB）：即赛博集团（le groupe SEB, Société d'emboutissage de Bourgogne），世界知名小家电生产企业，以发明高压锅闻名于世，其历史可追溯到1857年在勃艮第的中心第戎城创办的一家马口铁制品作坊。
2. cocotte一词来自母鸡的啼叫声，属拟声词（l'onomatopée）。
3. 此处"悲观的政治家"（un politicien pessimiste）指法国社会党的重要人物阿尔诺·蒙特布尔（Arnaud Montebourg），在2008年12月15日《世界报》（*Le Monde*）对他所作的一次采访中，他将法国比喻为cocotte-minute。

课后练习

LIRE 精读
1. Qu'est-ce qu'une Cocotte-minute ?
2. Quand la Cocotte-minute a-t-elle été commercialisée ? Par qui ?
3. Qu'est-ce qui montre que cet appareil a eu beaucoup de succès ?
4. À quoi sert la Cocotte-minute ? Que peut-elle faire ?
5. Comment fonctionne-t-elle ?
6. Qui, en particulier, apprécie ses qualités ?
7. Comment utilise-t-on la Cocotte-minute comme métaphore ?
8. Pourquoi certaines personnes critiquent la Cocotte-minute ?

PARLER 讨论
1. Selon vous, la rapidité est-elle compatible avec la bonne cuisine ?
2. Citez des sortes de cuisson qui peuvent préserver la qualité des aliments.

3. Donnez votre opinion sur les habitudes alimentaires dans le monde.

RECHERCHER 探索

1. Les types de cuisson généralement utilisés en cuisine, les instruments que ces cuissons nécessitent.
2. Le sens de l'expression : « Le temps, c'est de l'argent ».
3. Le sens du proverbe : « Rien ne sert de courir, il faut partir à point ».

Grandes écoles 大学校

Tout pays a besoin du service de ses élites et, en France, ce sont les grandes écoles qui sont chargées de les former. Il existe de nombreuses grandes écoles, certaines d'entre elles, créées au 18e siècle[1] ou sous la Première République[2] et le Premier Empire[3], ont un statut quasi-mythique.

Les hauts fonctionnaires du gouvernement, les grands cadres de l'administration font en général leurs études à l'ENA (École Nationale d'Administration)[4] ou à l'« X » (École Polytechnique)[5] ; les dirigeants du commerce et de l'industrie sont formés à HEC (Hautes Études Commerciales)[6] ; les professeurs de l'enseignement supérieur passent par l'ENS (École Normale Supérieure)[7] ; les responsables des secteurs de l'ingénierie et des travaux publics viennent de l'école Centrale[8] ou de l'école des Mines[9]. Enfin, les cadres militaires sont formés à Saint-Cyr[10].

Entrer dans l'une de ces institutions est un processus très sélectif : un jeune diplômé du baccalauréat[11] doit d'abord être admis dans une classe préparatoire (CPGE), puis travailler frénétiquement pendant deux à trois années et enfin passer le difficile concours d'entrée de la grande école où il désire continuer ses études.

l'X
ÉCOLE POLYTECHNIQUE
UNIVERSITÉ PARIS-SACLAY

avoir besoin de : être nécessaire 需要

élite (*n.f.*) : la classe sociale des responsables, des dirigeants 精英

fonctionnaire (*n.*) : qui travaille pour l'État 公务员

cadre (*n.m.*) : un responsable, un dirigeant 领导，管理干部

travaux publics (*n.m.pl.*) : la construction （市政）工程

frénétiquement (*adv.*) : obstinément, passionnément 狂热地，疯狂地

concours (*n.m.*) : un examen compétitif 竞赛，比赛

注释

1. 法国很多"大学校"（les grandes écoles，又译"高等专业学院或学校"）创建于18世纪，历史悠久，以培养国家所需的政治、经济、科技和文化精英为宗旨。能够进入这些学校学习的学生必须经过严格的选拔，因而"大学校"在法国民众心目中的地位较普通大学而言更为特殊。

2. 第一共和国（la Première République）是法国历史上第一个共和制政权，诞生于法国大革命之中（la Révolution française），从1792年9月国民公会（la Convention nationale）宣布建立共和制度开始，至1804年12月拿破仑加冕称帝结束，历时12年。关于"共和国"的更多信息，请参见本书p.135。

3. 第一帝国（le Premier Empire）由拿破仑（Napoléon Bonaparte）于1804年建立，1815年6月拿破仑在滑铁卢战役遭遇惨败标志了第一帝国灭亡。关于"拿破仑"的更多信息，请参见本书p.130。

4. 法国国立行政学院（École Nationale d'Administration, ENA）：1945年10月，由时任法兰西共和国临时政府首脑的戴高乐将军（le général de Gaulle）亲自创办，是一所旨在为国家培养和选拔高级行政和法律人才的著名高等学府，多位法国总统、总理及部长毕业于这所学校，他们构成了法国政治领域的一个精英团体——"les énarques"（国立行政学院毕业且身居要职的官员）。目前，国立行政学院的主体位于斯特拉斯堡（Stras-

bourg）。关于"戴高乐"的更多信息，请参见本书p.109。

5. 巴黎综合理工学校（École Polytechnique）：始建于法国大革命时期，1794年由著名数学家、政治家和军事工程家拉扎尔·卡诺（Lazare Carnot）等一批革命派人士创办，旨在为共和国培养急需的军事工程技术人才。拿破仑执政后对这所学校十分重视，将其改造为军校，并亲自题写校训"为了祖国、科学和光荣"（*Pour la patrie, les sciences et la gloire*）。从19世纪中叶起，"l'X"渐渐成了这所学校的别称，对于这一别称的来源解释有多种说法，比如该校校徽上两架交叉的大炮呈现"X"形状；又如该校极为重视数学教育，所以用字母"X"显示学校的特色。

6. 巴黎高等商学院（Hautes Études Commerciales, HEC）：创办于1881年，旨在培养工业、商业和金融业的精英，为当时蓬勃发展的法国经济输送人才。该校由巴黎工商会（la Chambre de commerce et d'industrie de Paris）出资和管理。

7. 巴黎高等师范学院（École Normale Supérieure, ENS）：1794年由国民公会颁布法令建立，以培养高素质的教师和研究人员为办学宗旨，法国许多著名的政治家、教育家和科学家都曾在此求学。

8. 中央理工学院（l'école Centrale）：正式的官方名称为"巴黎中央工艺制造学院"（l'École centrale des arts et manufactures）。该校于1829年初创立，毕业生大多在工业企业中担任各类高级工程师和高级管理人员，曾培养出古斯塔夫·埃菲尔（Gustave Eiffel）、安德烈·米其林（André Michelin）、阿尔芒·标致（Armand Peugeot）等许多著名的工业家和工程师。

9. 国立矿业学校（l'école des Mines）：正式的官方名称为"国立巴黎高等矿业学校"（l'École nationale supérieure des mines de Paris）。1783年由国王路易十六下令创建，是法国历史最为悠久和最负盛名的工程师学校。

10. 圣西尔军校（l'École spéciale militaire de Saint-Cyr）：1802年由时任第一执政的拿破仑下令建立，以取代旧制度（l'Ancien Régime）时期的王家军事学院。时至今日，该校已成为与美国西点军校齐名的著名军事学府。该校创立时校区位于巴黎西南郊凡尔赛附近的圣西尔镇（Saint-Cyr），故而得名。1959年，戴高乐将军决定将圣西尔军校正式迁入位于法国西海岸布列塔尼大区的盖尔基地（le camp de Guer）。

11. 中学毕业会考（le baccalauréat）：简称Bac考试，法国高中生进入大学阶段学习前必须通过的考试，全国统一进行，分文科与理科，通过者获得业士文凭（le bachelier）。

课后练习

LIRE 精读
1. Quel est le rôle des grandes écoles en France ?
2. Les écoles les plus prestigieuses datent de quelle époque ?
3. Où sont formés les responsables de l'État ?
4. Quelle école forment les élites économiques ?
5. Quelle école prépare les enseignants ?
6. Où sont formés les ingénieurs ?
7. Où sont formés les responsables de la défense nationale ?
8. Comment accède-t-on à une grande école ?

PARLER 讨论
1. Présentez les systèmes éducatifs dans d'autres pays du monde.
2. Exprimez votre opinion sur ces propositions :
   - On est assuré d'une bonne carrière avec un diplôme de l'enseignement supérieur.
   - L'institution où on a étudié compte plus que la qualification qu'on a obtenue.

RECHERCHER 探索
1. Les différences entre grandes écoles et universités en France.
2. Le sens de l'expression : « Travailler d'arrache-pied ».
3. La signification de la critique du sociologue Pierre Bourdieu (1930-2002), qui décrit les grandes écoles comme des structures éducatives produisant une « noblesse d'État ».

Laguiole

拉吉约勒酒刀

Avec le fromage de Roquefort[1], le viaduc de Millau[2] et le parc national des Cévennes[3], le couteau Laguiole[4] compte parmi les trésors de l'Aveyron[5], l'un des huit départements de la région Midi-Pyrénées. Ce couteau légendaire orné d'une abeille doit sa réputation mondiale à la silhouette effilée de son manche et à sa lame de style mauresque[6].

Originaire du village de Laguiole, le couteau est apparu vers 1820, les bergers s'en servaient pour couper le pain, ouvrir des bouteilles avec le tire-bouchon ou trouer le cuir avec le poinçon. Le couteau s'est vite répandu dans la France entière : en pliant la lame à la fin du repas, le chef de famille donnait le signal que tout le monde pouvait quitter la table.

Le manche peut être en bois précieux, en corne ou en ivoire, et les plus chers ont une lame en damas[7], qui lui donne des motifs naturels et mystérieux. Certains modèles de collection peuvent coûter plusieurs milliers d'euros.

L'appellation Laguiole (prononcer layole)[8] n'est pas une marque déposée pour les couteaux, ce nom peut donc être utilisé par tout fabricant, en France ou ailleurs. Aujourd'hui, la majorité des couteaux Laguiole ne viennent pas de l'Aveyron, ils sont fabriqués à Thiers (Puy-de-Dôme)[9]. On trouve aussi partout dans les super-marchés des modèles moins chers fabriqués en Chine, au Pakistan ou en Corée du Sud.

词汇

abeille (*n.f*) : un insecte qui produit du miel 蜜蜂

effilé, e (*adj.*) : long et fin 细长的

manche (*n.m.*) : la partie que l'on tient en main 柄，把

lame (*n.f.*) : la partie en métal qui coupe （刀、剑的）身，刃

berger (*n.m.*) : une personne qui garde les moutons 牧羊人

cuir (*n.m.*) : la peau d'animal （动物）皮革

damas (*n.m.*) : un acier laminé très fin 大马士革钢

注释

1. 罗克福尔奶酪（le fromage de Roquefort）：产自法国南部阿韦龙省（参见注释5），以羊奶为原料，味道独特。

2. 米约高架桥（le viaduc de Millau）：位于阿韦龙省，横跨法国南部的塔恩（Tarn）河谷，最高处距离地面可达约343米。

3. 塞文山脉国家公园（le parc national des Cévennes）：位于阿韦龙省，1970年设立，园区面积达3000平方公里，覆盖整个塞文山脉地区，法国最大的集生态保护与旅游开发为一体的自然保护区。

4. 拉吉约勒（Laguiole）：又译"拉吉奥乐"，位于阿韦龙省中部的一座小镇，以出产锋利的小折刀著称，建有拉吉约勒刀具和锻造品博物馆（le musée du couteau Laguiole et de l'objet forgé）。

5. 阿韦龙省（le département de l'Aveyron）：法国南部省份，属奥克西塔尼大区（la région Occitanie），辖区内山脉纵横，河流遍布，自然资源丰富。

6. de style mauresque解释为"摩尔人的风格"，"摩尔人"（les Maures）多指中世纪在西班牙、葡萄牙、西西里岛、马耳他及北非马格里布地区的穆斯林，他们以骁勇善战著称，对伊比利亚半岛（即西班牙和葡萄牙）和法国南部地区的文化有一定的影响。

7. 所谓"大马士革钢"（le damas）实际上指的是由古代印度出产的用于制造军刀等武器的优质钢材，后由阿拉伯商人贩卖到大马士革（今为叙利亚首都），再由能工巧匠锻造成带有精美花纹的利刃。

8. Laguiole根据标准法语的读音译为"拉吉约勒"，但南方方言的

发音为"拉约勒"（prononcer layole）。

9. 梯也尔（Thiers）：位于法国中部中央高原的一座小镇，属多姆
    山省（Puy-de-Dôme）。

▌课后练习

LIRE 精读

1. De quelle région de France vient le couteau Laguiole ?
2. À quoi reconnaît-on ce couteau ?
3. Qui se servait de ces couteaux à l'origine ?
4. Que peut-on faire avec ce couteau ?
5. Que symbolisait-il dans une famille ?
6. Pourquoi certains Laguiole coûtent-ils très cher ?
7. Pour quelle raison des « Laguiole » peuvent être manufacturés
    par n'importe qui ?

PARLER 讨论

1. Citez d'autres couteaux célèbres dans le monde et leurs
    particularités.
2. Présentez différentes circonstances où un couteau est utile.
3. Décrivez le plaisir de posséder un bel objet, comme un couteau
    de qualité.

RECHERCHER 探索

1. Les différentes fonctions qu'on peut trouver sur un couteau.
2. Le sens des expressions : « Une lame à double tranchant » et
    « Remuer le couteau dans la plaie ».

La Sorbonne

索邦大学

Le foyer intellectuel de Paris est situé au centre de la capitale, dans le Quartier latin[1]. Dans ce quartier, le latin était en usage au moment où se formaient les grands centres universitaires de l'Europe médiévale. C'est ici qu'un collège de théologie, fondé en 1257 par Robert de Sorbon[2], allait se développer progressivement et devenir une institution majeure de l'Université française.

Richelieu[3], ministre de Louis XIII, proviseur de la Sorbonne, a fait construire en 1627 la chapelle dont le dôme apparaît derrière la façade. Après la Révolution de 1789, la Sorbonne, trop associée à l'Ancien Régime, perd beaucoup de son crédit et subit la concurrence des écoles spécialisées[4].

Sous la IIIe République, la Sorbonne retrouve son prestige, de nouveaux aménagements sont créés, les programmes et l'administration sont réformés, c'est la nouvelle Sorbonne, « sanctuaire de l'esprit ». On installe dans l'amphithéâtre Richelieu une œuvre immense du peintre Puvis de Chavannes[5], vaste allégorie aux lettres, aux sciences et aux arts.

La liste des anciens élèves et professeurs de la Sorbonne qui ont marqué l'histoire intellectuelle française est longue : Honoré de Balzac[6], Henri Bergson[7], Pierre et Marie Curie[8], Jean-Paul Sartre[9] et Simone de Beauvoir[10], Jean-Luc Godard[11], Jacques Derrida[12], Claude Lévi-Strauss[13], Raymond Queneau[14], Léopold Sédar Senghor[15]...

Mais la Sorbonne n'est pas seulement l'un des emblèmes du savoir en France, elle est aussi un lieu légendaire de révolte : personne n'a oublié aujourd'hui qu'en mai 1968[16], les barricades des « sorbonnards » dans les rues du quartier ont paralysé le pays entier.

词汇

foyer (*n.m.*) : le centre, le cœur （历史、文化等的）发源地，中心

médiéval, e (*adj.*) : du Moyen-Âge 中世纪的

subir (*v.t.*) : endurer, souffrir de quelque chose 遭受，经历

concurrence (*n.f.*) : la rivalité, la compétition 竞争

aménagements (*n.m.pl.*) : des installations, équipements, développements 设施，设备

注释

1. 拉丁区（le Quartier latin）：以旧时索邦神学院（le collège de Sorbonne）为中心的著名教育文化区，位于巴黎第5区和第6区，因中世纪时以拉丁语（le latin）作为此地众多学校的授课语言而得名。
2. 罗贝尔·德·索邦（Robert de Sorbon, 1201—1274）：索邦神学院创建者，曾担任法国国王路易九世的告解神父。
3. 黎世留（le cardinal de Richelieu, 1585—1642）：法国17世纪杰出的政治家和外交家，长期担任路易十三的首相，在任期间大力加强王权，使法国逐步成为欧洲的"霸主"。
4. 此处"专科类学校的竞争"（la concurrence des écoles spécialisées）指的是各类"大学校"的兴起对综合性大学产生的影响。关于"大学校"的更多信息，请参见本书p.147。
5. 皮维·德·夏凡纳（Puvis de Chavannes, 1824—1898）：法国19世纪重要的画家，对后来的象征主义画派产生巨大的影响，他的许多作品主题与寓言、宗教有关。文中提到夏凡纳为索邦

大学"黎世留阶梯教室"绘制的巨幅油画，是指其在1887年至1889年间创作的《圣林》（*Le Bois sacré*）。

6. 巴尔扎克（Honoré de Balzac，1799—1850）：法国19世纪文学巨匠，批判现实主义的奠基人和代表，杰出的小说家、剧作家、文论家和艺术评论家。

7. 亨利·柏格森（Henri Bergson，1859—1941）：法国现代著名哲学家和作家，生命哲学与直觉主义的代表人物之一。

8. 皮埃尔·居里（Pierre Curie，1859—1906）和玛丽·居里（Marie Curie，1867—1934，即"居里夫人"）：20世纪最伟大的物理学家，现代放射科学的先驱者，"镭"和"钋"两种放射性化学元素的发现者。

9. 让-保罗·萨特（Jean-Paul Sartre，1905—1980）：法国著名剧作家、小说家和思想家，20世纪最具影响力的哲学家之一，存在主义的领军人物。

10. 西蒙娜·德·波伏瓦（Simone de Beauvoir，1908—1986）：法国当代著名哲学家、小说家、散文家和评论家，女权主义运动先驱和积极推动者。关于"西蒙娜·德·波伏瓦"的更多信息，请参见本书p.191。

11. 让-吕克·戈达尔（Jean-Luc Godard，1930—）：法国当代著名导演、演员、电影评论家和理论家，电影"新浪潮运动"（la Nouvelle Vague）的主要代表人物之一。

12. 雅克·德里达（Jacques Derrida，1930—2004）：法国20世纪下半叶重要的哲学家和思想家，解构主义（le déconstruction）的代表人物之一。关于"雅克·德里达"的更多信息，请参见本书p.194。

13. 克洛德·莱维-斯特劳斯（Claude Lévi-Strauss，1908—2009）：法国著名哲学家、作家，结构主义的奠基人之一，对20世纪下半叶人类学和社会学产生重大影响。

14. 雷蒙·格诺（Raymond Queneau，1903—1976）：法国现代小说家、诗人、剧作家，带有超现实主义色彩的"乌利波"（l'Oulipo）文学团体的创始人之一。

15. 列奥波德·塞达尔·桑戈尔（Léopold Sédar Senghor，1906—2001）：塞内加尔著名政治家、作家和诗人，独立运动领袖，塞内加尔独立后的首任总统，法兰西学术院的第一位非洲籍院士。

关于"法兰西学术院"的更多信息，请参见本书p.91。

16. "五月风暴"（mai 1968）：指1968年5月由索邦大学学生发起，最终席卷法国全境的政治风潮。关于"五月风暴"的更多信息，请参见本书p.121。

课后练习

LIRE 精读

1. Que représente le Quartier latin pour Paris ?
2. À quelle époque ont été créées les premières institutions d'enseignement supérieur en Europe ?
3. En quelle langue enseignait-on dans les universités du Moyen-Âge ?
4. Qui est le fondateur de la Sorbonne ?
5. Qui a été l'architecte de la rénovation de la Sorbonne au 17e siècle ?
6. Pourquoi le prestige de la Sorbonne s'est-il érodé après la Révolution ?
7. À quelle époque la Sorbonne redevient-elle une institution de premier rang ?
8. Qu'est-ce qui montre que la Sorbonne est une grande institution du savoir ?
9. À quel évènement de l'époque récente la Sorbonne est-elle associée ?

PARLER 讨论

1. Décrivez la mission d'une université, ce qu'on y enseigne.
2. Nommez des grandes universités dans le monde, dites pourquoi elles sont prestigieuses.

RECHERCHER 探索

1. Des anciens élèves de la Sorbonne, leur discipline, leurs travaux.
2. Ce qui s'est passé en mai 68 à la Sorbonne.
3. L'organisation administrative de la Sorbonne aujourd'hui.

Métro, boulot, dodo

地铁、工作、睡觉

Il existe une chose que la langue française qualifie parce qu'elle reflète l'ennui d'une existence sans saveur et sans couleur : c'est la routine quotidienne dominée par la répétition et la platitude.

Quoi de plus triste en effet que de se lever chaque matin pour prendre les transports en commun avec des milliers d'autres somnambules, effectuer sa journée au travail comme un automate tout programmé, puis finalement rentrer le soir à la maison pour y dormir et reprendre des forces avant d'affronter le lendemain une nouvelle journée en tout point identique ?

« Métro, boulot, dodo », avec cette assonance qui exprime bien son caractère mécanique et monotone, est une locution inventée par un peuple conscient que l'existence peut facilement basculer dans la servitude si l'on ne reste pas vigilant.

Cette expression, aussi chère aux Français que l'idée de liberté[1], est un appel universel aux humains qui résume en trois mots simples une menace permanente sur nos vies. C'est une expression qui nous invite, face à l'asservissement au quotidien, à retrouver le contrôle de nos existences.

词汇

saveur (*n.f.*) : le goût 味道；趣味

quotidien, ne (*adj.*) : de tous les jours 每天的，日常的

platitude (*n.f.*) : l'ordinaire, la banalité 平淡，平庸

somnambule (*n.*) : qui dort debout, en marchant 梦游者，被催眠者

basculer (*v.i.*) : tomber 失去平衡；跌倒

servitude (*n.f.*) : la soumission, l'esclavage 奴役，束缚

vigilant, e (*adj.*) : attentif, éveillé, alerte 警惕的，警觉的

注释

1. "自由、平等、博爱" (*Liberté-Égalité-Fraternité*) 源自1789年法国大革命 (la Révolution française)，秉承以卢梭为代表的启蒙思想家的主张，被称为法兰西共和国的立国箴言 (la devise de la République française)。其中Liberté排在最前，由此可见法国人对于个人自由的珍视。

课后练习

LIRE 精读

1. Qu'est-ce que l'expression « métro, boulot, dodo » qualifie ?
2. Comment se passe une journée ordinaire ?
3. Que représente le mot « boulot » ?
4. Que représente le mot « métro » ?
5. Que représente le mot « dodo » ?
6. Comment contrer l'asservissement à la routine ?
7. Qu'est-ce qui s'oppose à la servitude ?

PARLER 讨论

1. Dites si l'expression « métro, boulot, dodo » a une valeur universelle, si elle peut s'appliquer à toutes les sociétés modernes.
2. Citez des professions, des métiers qui entraînent des automatismes quotidiens.

3. Nommez ceux qui, par leur situation, leur travail, échappent à la routine quotidienne.

RECHERCHER 探索

1. Une chanson enfantine célèbre où figure le mot « dodo ».
2. Le sens des expressions : « Travailler à la chaîne » et « Être pris dans un engrenage ».
3. Un film comique de 1936 qui critique la société industrielle et capitaliste.

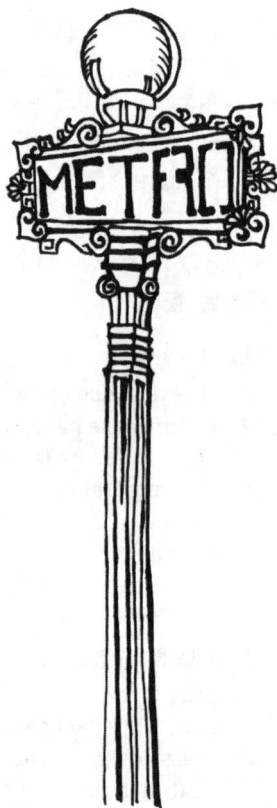

Michelin^① 米其林

Bibendum, le fameux bonhomme Michelin, est présent partout sur les routes de France, à l'entrée des stations-service, à la porte des garages, sur les panneaux publicitaires. Dans les années 60 et 70, on voyait Bibendum sur les plages pendant l'été pour des opérations de promotion, organisant des jeux pour les enfants, il se transformait en bouée pour la baignade, en ballon pour le sport.

Le fabricant de pneus de Clermont-Ferrand^② a réussi à imposer depuis 1898 l'une des images les plus familières de la publicité mondiale. En 2000, un panel international d'experts réuni par le *Financial Times*^③ a déclaré Bibendum « Meilleur logo de l'histoire ».

L'énergie exemplaire de ce bonhomme, sa bonne humeur, sa gentillesse naturelle et son humanité sont indissociables de tous les produits qu'il promeut : des pneus, des cartes routières, des guides touristiques.

En un siècle, le bonhomme Michelin est ainsi devenu le symbole de l'évasion, des vacances, du tourisme, de la gastronomie, de la découverte^④. Il est aussi le compagnon de voyage des enfants impatients d'arriver à destination.

词汇

station-service (*n.f.*) : où l'on peut faire le plein d'essence pour sa voiture, vérifier le moteur, gonfler les pneus, etc. 公路服务站（加油站）

bouée (*n.f.*) : un anneau gonflé d'air qui permet de flotter sur l'eau 救生圈

baignade (*n.f.*) : nager, prendre un bain dans la mer, dans la piscine 游泳，海水浴

gastronomie (*n.f.*) : la haute cuisine 美食

注释

1. 米其林集团（Michelin）：国际著名橡胶轮胎制造企业，1889年由安德烈·米其林（André Michelin）和爱德华·米其林（Édouard Michelin）两兄弟合作创办。米其林公司于1894年开始制造汽车轮胎，如今是世界最大的汽车轮胎制造商之一。1894年，里昂举办世界博览会，米其林公司的展台上摆放着一长串该企业生产的轮胎，看起来近似人形，之后漫画家马里于斯·鲁西永（Marius Rossillon）对这一"轮胎人"的形象作了精心设计，1898年正式将其定名为"Bibendum"，从此这个"轮胎人"在世界各地为米其林公司"奔走"宣传，可谓广告界的一大成功典范。

2. 克莱蒙-费朗（Clermont-Ferrand）：法国中部城市，米其林集团总部所在地。

3. 《金融时报》（*Financial Times*）：1888年在英国创刊的世界权威金融杂志，目前已被日本的《日经新闻》（*Nikkei*）收购。

4. 1900年，安德烈·米其林编写的《米其林指南》（*Le guide Michelin*）开始发行，因封面为暗红色，常被称为"红色指南"（le guide rouge），该指南如今已成为家喻户晓的权威餐饮及旅馆评测指南。1926年，为配合"红色指南"，米其林公司又发行了"绿色指南"（le guide vert），即旅游文化指南（le guide touristique et culturel），详尽介绍法国、欧洲乃至世界各地的风土人情，指南中不但有热门景点推荐，还有实用的行程规划建议。

课后练习

LIRE 精读

1. Que fabrique principalement la société Michelin ?
2. Dans quelle région de France est située la société Michelin ?
3. Qui est Bibendum ? Quand est-il né ?
4. Pourquoi peut-on dire qu'on le voit partout ?
5. Quelle est la personnalité de Bibendum ?
6. Qu'est-ce qui montre que ce symbole de Michelin est une réussite publicitaire ?
7. Quels sont les liens entre les pneus et les autres produits Michelin ?

PARLER 讨论

1. Nommez les meilleurs logos de la publicité internationale.
2. Pensez-vous que la personnification en publicité est efficace ? Citez d'autres techniques ou stratégies publicitaires.

RECHERCHER 探索

1. Le sens du nom Bibendum, l'idée à l'origine du personnage Bibendum.
2. Les différentes collections de guides Michelin.
3. Le sens de l'expression : « Alors, ça roule ? »

Pôle Emploi

就业中心

Le Pôle Emploi[1] est le lieu de passage obligé de tous les demandeurs d'emploi, c'est-à-dire les chômeurs. C'est au Pôle Emploi qu'on s'enregistre, que l'on consulte les offres disponibles et que l'on remplit les formalités qui ouvrent droit à l'allocation de chômage[2]. Le Pôle Emploi est aussi chargé de prospecter le marché du travail et d'aider les entreprises à recruter des employés.

Le chômage en France est un mal chronique. Il touche aujourd'hui 8 à 9% de la population active, ce taux a même dépassé les 13% dans les années 80. La crise pétrolière de 1973[3] est en grande partie responsable de la montée du chômage depuis trente ans, mais d'autres facteurs ont joué un rôle important, tels que l'automation des méthodes de production, la disparition de certains secteurs économiques, l'arrivée massive des femmes sur le marché du travail. Certaines régions et certaines catégories de la population sont plus touchées que d'autres. Le chômage chez les jeunes de 18-25 ans a atteint 30% ces dernières années. Malheureusement, faire de longues études et obtenir des diplômes n'est plus une garantie d'emploi aujourd'hui.

词汇

chômeur, se (*n.*) : une personne qui n'a pas de travail 失业者

s'enregistrer (*v.pr.*) : s'inscrire 登记，注册

disponible (*adj.*) : libre, vacant 空闲的，可自由使用的

remplir (*v.t.*) : compléter avec des informations 填写

ouvrir droit à : bénéficier de quelque chose, avoir accès à un service 使有权利享有……

prospecter (*v.t.*) : faire une enquête, une analyse, un sondage 调查

mal chronique (*n.m.*) : un problème récurrent, permanent 长期问题

taux (*n.m.*) : un pourcentage 比率

tel que : comme, ainsi que 比如，例如

注释

1. 就业中心（Pôle Emploi）：法国主管全国就业事务的行政机构，2008年12月由全国就业事务所（l'Agence nationale pour l'emploi, ANPE）与工商业就业协会（l'Association pour l'emploi dans l'industrie et le commerce, Assédic）合并而成。

2. 根据法国相关法律规定，失业者必须在就业中心正式登记后，方可领取失业补助金（l'allocation de chômage）。

3. 1973年10月，第四次中东战争爆发，石油输出国组织（OPEC）中的阿拉伯国家成员采用石油禁运和大幅提高原油价格等手段，打击以色列及其盟友，导致"石油危机"（la crise du pétrole），由于西方国家严重依赖石油进口，经济因此遭受重创。

课后练习

LIRE 精读

1. Pourquoi va-t-on au Pôle Emploi ?
2. Quelles sont les différents rôles du Pôle Emploi ?
3. Combien y a-t-il de chômeurs en France ?

4. Quelles sont les causes du chômage ?
5. Qui est principalement victime du chômage ?
6. Est-ce qu'un diplôme fournit l'assurance de trouver un travail ?

PARLER 讨论

1. Commentez cet extrait de la *Déclaration universelle des droits de l'homme* (1948) : « Toute personne a droit au travail, au libre choix de son travail, à des conditions équitables et satisfaisantes de travail et à la protection contre le chômage » (Article 23.1).
2. Donnez votre opinion sur les propositions suivantes :
   - Les gouvernements ne peuvent rien faire pour contrer le chômage.
   - Être chômeur, c'est être une victime économique, mais aussi vivre un drame psychologique.

RECHERCHER 探索

1. Les secteurs les plus affectés par le chômage, les professions moins touchées par le chômage.
2. Le sens des expressions : « Travailler pour des prunes » et « Avoir du pain sur la planche ».

Sécurité sociale

社会保障机构

Cette institution publique est à la base du système de protection sociale en France. Fondée en 1945[1], ses prestations couvrent les aides financières aux familles (allocations familiales), les cas de maladie ou d'accident et les retraites. La sécurité sociale est financée par les cotisations obligatoires de tous ses adhérents, c'est-à-dire les employés et les employeurs, ainsi que par l'État.

La « sécu » coûte cher, elle est en déficit permanent. Les Français n'hésitent pas à aller chez le médecin, ils consomment une grande quantité de médicaments et ils comptent sur ce système pour se faire rembourser ces dépenses[2]. Le nombre élevé de chômeurs dans le pays a également un impact considérable sur les ressources de l'institution. Enfin, le nombre de retraités augmente d'année en année, alors que celui des salariés cotisants diminue.

Chaque salarié en France contribue, avec environ 20% de son salaire, à financer les caisses de la sécurité sociale, ainsi que pour celles de l'assurance-chômage[3]. Avec les impôts et les différentes taxes qui lui prennent encore 10 à 20% de ses revenus, c'est plus d'un tiers de son salaire qu'un employé verse chaque mois à l'État.

prestation (*n.f.*) : un service 补助，提供

retraite (*n.f.*) : la cessation d'activité professionnelle, après 60 ans par exemple 退休

cotisation (*n.f.*) : une contribution financière 分摊费用；（参加保险所缴纳的）保险费

adhérent, e (*n.*) : un membre d'une organisation, d'un groupe 参加者

rembourser (*v.t.*) : rendre une somme d'argent 报销

élevé, e (*adj.*) : important, significatif （费用等）高的

impôt (*n.m.*) : taxe financière sur les revenus （所得）税

revenus (*n.m.pl.*) : le salaire, la rémunération, les gains 收入

verser (*v.t.*) : donner, contribuer 交纳，缴付

注释

1. 1945年，法国政府颁发法令，宣布施行统一的社会保障制度。

2. 法国医疗费用的结算采取"先支付，后报销"的基本原则，参保人就医个人支付的份额通常在30%左右，部分药品还要自付65%。对于癌症、糖尿病、心血管病等需要特殊治疗的疾病，病人拥有豁免权，不必负担普通医疗费用的自付部分，由医疗保险全额报销。目前，法国的医保报销体系网络化程度越来越高，大部分病人可以通过网络结算。

3. 法国的失业保险（l'assurance-chômage）制度是政府为保障失业人员的基本生活而实施的一项强制性措施，最初由戴高乐将军于1958年提出，经过多次修改，最终建立由雇主和雇员强制缴纳保险金的双层保险制度，同时政府设立专门的失业救济基金。

课后练习

LIRE 精读

1. À quoi sert la sécurité sociale, depuis quelle époque ?
2. Comment fonctionne-t-elle financièrement ?

3. Est-ce que le système est financièrement équilibré ?
4. Une personne qui n'a pas de travail peut-elle bénéficier du système ?
5. Quelles sont les principales dépenses dans le budget de la sécurité sociale ?
6. Quel pourcentage de leurs revenus les personnes qui travaillent doivent-elles donner pour assurer leur couverture sociale ?

PARLER 讨论

1. Présentez la manière dont la protection sociale des travailleurs et salariés est assurée dans d'autres pays.
2. Débattez les propositions suivantes :
   - C'est l'État qui doit prendre en charge la protection sociale des citoyens.
   - La couverture sociale est la responsabilité du secteur privé et des employés.

RECHERCHER 探索

1. Des statistiques relatives à la population active en France, au nombre de personnes au chômage, des comparaisons avec d'autres pays.
2. Le sens de cet extrait de l'ordonnance gouvernementale du 14 octobre 1945 : « La sécurité sociale est la garantie donnée à chacun qu'en toutes circonstances il disposera des moyens nécessaires pour assurer sa subsistance et celle de sa famille dans des conditions décentes ».

TGV

高速列车

Le Train à Grande Vitesse (TGV)[1] est l'un des plus rapides de la planète et, depuis trente ans, ce phénomène de la technologie ferroviaire française a révolutionné la notion de distance dans le pays[2]. Grâce à ce bolide qui traverse le territoire dans toutes les directions, l'Atlantique[3], la Méditerranée[4], autrefois des rivages si éloignés, sont maintenant à moins de trois heures de la capitale. Les grandes villes de France et les pays voisins paraissent aussi tout proches.

Avec le TGV, habiter à Lyon et travailler à Paris n'est plus une chose inimaginable, passer de courts week-ends à 800 km de chez soi est devenu tout à fait possible : « TGV, plus de vie dans votre vie », assure le slogan publicitaire.

Le TGV a contribué massivement à l'essor du tourisme régional, il est aussi largement responsable de la flambée des prix immobiliers dans le sud de la France.

词汇

ferroviaire (*adj.*) : qui se rapporte au chemin de fer, au train 铁路的

grâce à : au moyen de, à l'aide de 归功于

bolide (*n.m.*) : un engin, un véhicule très rapide 高速车

autrefois (*adv.*) : avant, dans le passé 以前，曾经

éloigné, e (*adj.*) : situé loin, à grande distance 遥远的

essor (*n.m.*) : la croissance, le développement 发展，跃进

flambée (*n.f.*) : une augmentation rapide, incontrôlée 爆发，突飞猛进

immobilier, ère (*adj.*) : qui se rapporte au marché de la construction, de la propriété privée 房地产的

注释

1. 法国从20世纪50年代开始研制高速列车（TGV），80年代末投入运营的"蓝色大西洋高速列车"（TGV Atlantique Bleu）在当时运行时速就达300公里。

2. 法国的高速铁路网不仅覆盖本土，还将法国与德国、瑞士、比利时、荷兰和英国等西欧国家紧密相连。例如，"大力士"（Thalys）列车连接起了巴黎、布鲁塞尔和阿姆斯特丹；通过拉芒什海底隧道（即英吉利海底隧道）的"欧洲之星"（Eurostar）列车使乘客仅需2个小时就可以从巴黎抵达伦敦。

3. 高速铁路大西洋线（LGV Atlantique）1989年开始运营，使首都巴黎与勒芒（Le Mans）、南特（Nantes）、波尔多（Bordeaux）、雷恩（Rennes）等西部大西洋沿岸重要港口城市之间的交通变得十分快捷。

4. 高速铁路地中海线（LGV Méditerranée）1981年正式投入运营，该线路将法国中部的里昂（Lyon）与南部地中海沿岸的马赛（Marseille）、蒙彼利埃（Montpellier）等城市连接了起来。

LIRE 精读

1. Les premiers TGV ont été mis en service il y a combien de temps ?
2. Quelle est la caractéristique principale du TGV ?
3. Combien de temps faut-il pour aller de Paris à Marseille en TGV ?
4. Qu'est-ce que le TGV permet de faire aujourd'hui ?
5. Pourquoi le tourisme est bénéficiaire du TGV ?
6. Quel est l'impact économique du TGV sur certaines régions ?

PARLER 讨论

1. Nommez des pays où sont construits des trains très rapides.
2. Commentez ce message promotionnel : « TGV, plus de vie dans votre vie ».
3. Présentez quelques avantages du train sur l'avion.

RECHERCHER 探索

1. Les routes majeures du TGV, les pays d'Europe connectés au réseau TGV.
2. Le sens d'autres slogans promotionnels du TGV : « TGV, gagnez du temps sur le temps » ; « TGV, prenez le temps d'aller vite ».
3. Le sens de l'expression : « Avoir un bon train de vie ».

Tour Eiffel 埃菲尔铁塔

La tour la plus célèbre du monde est une survivante. Plusieurs fois après son installation en 1889, on a sérieusement pensé à la démonter, on trouvait sa silhouette dans le ciel de la capitale dérangeante et dangereuse. Ce n'est qu'en 1910 qu'elle a acquis sa place permanente près de la Seine. En 1964, la tour Eiffel a finalement été déclarée monument historique national.

La Grande Dame de fer[1] est le fruit du travail de Gustave Eiffel[2] et de ses deux partenaires ingénieurs Nouguier[3] et Koechlin[4]. Construite en deux ans à l'occasion de l'Exposition Universelle de 1889, cette structure spectaculaire avait pour but d'illustrer l'essor industriel de la France, un siècle après la Révolution française[5]. Avec ses 312 mètres (il n'y avait pas encore d'antenne) et ses 1665 marches qu'on pouvait monter à pied, le succès de cette merveille technologique était assuré. La tour est aujourd'hui l'une des attractions majeures du tourisme international. Les Parisiens n'y prêtent pas beaucoup d'attention, mais près de 7 millions de visiteurs du monde entier viennent l'admirer chaque année. La tour est repeinte tous les sept ans avec plus de 60 tonnes de peinture et, depuis quelques années, elle scintille de toutes ses lumières dans la nuit parisienne.

survivant, e (*n.*) : un rescapé, qui a échappé à la mort 幸存者
démonter (*v.t.*) : déconstruire, démanteler 拆卸，拆除
dérangeant, e (*adj.*) : qui dérange, qui gêne, qui importune 令人反感的
avoir pour but de : avoir pour objectif, aspirer à 以……为目的
essor (*n.m.*) : la croissance, le développement 发展，突飞猛进
prêter attention à : s'intéresser à 关注……
scintiller (*v.i.*) : briller, être illuminé 闪烁，闪闪发光

注释

1. 埃菲尔铁塔在建造之初遭到了许多巴黎民众的批评和指责，虽然这座铁塔体现了近现代工业技术的成就，但很多人认为其建筑风格与巴黎这座历史悠久的城市完全不相配，一些文学、艺术界的名人甚至联名向政府提出抗议，要求拆除这位钢铁打造的"丑陋的老妇人"（la Grande Dame de fer）。

2. 古斯塔夫·埃菲尔（Gustave Eiffel, 1832—1923）：法国近现代著名工程师和工业家，埃菲尔铁塔的设计者之一，1889年获得荣誉军团勋章的"大十字"勋位。关于"荣誉军团勋章"的更多信息，请参见本书的p.117。

3. 埃米尔·努吉耶（Émile Nouguier, 1840—1897）：法国工程师和建筑师，擅长钢铁结构的设计，埃菲尔铁塔后期工程的主要参与者之一。

4. 莫里斯·克什兰（Maurice Koechlin, 1856—1946）：具有法国和瑞士双重国籍的工程师，埃菲尔铁塔主体架构的设计者之一。

5. 法国大革命（la Révolution française）：指法国在18世纪末经历的一场深刻的政治、经济、社会和文化变革，以1789年7月14日巴黎人民攻占巴士底狱为标志，这场革命深刻改变了法国的国家面貌，是资产阶级上升时期最为彻底的一次革命。1889年，为纪念法国大革命100周年，在巴黎举办了世界博览会（l'Exposition universelle）。

课后练习

LIRE 精读

1. À quelle occasion la tour Eiffel a-t-elle été construite ?
2. Quel est son surnom ? Quelle est sa hauteur ?
3. La tour était-elle appréciée par tout le monde à ses débuts ?
4. Que représentait la tour au moment de sa construction ?
5. Quels travaux doit-on y faire régulièrement ?
6. Pourquoi peut-on dire que la tour est un lieu touristique important ?

PARLER 讨论

1. Selon vous, la tour Eiffel est-elle un beau monument ? Pour quelles raisons ?
2. Présentez de grands sites architecturaux dans le monde, modernes ou anciens.
3. Nommez les édifices les plus hauts dans le monde, les lieux où ils se trouvent.

RECHERCHER 探索

1. Des anecdotes sur sa construction, des statistiques sur la tour Eiffel.
2. Des exemples d'utilisation de la tour Eiffel en peinture, en littérature, au cinéma.

Vuitton

威登

Le maroquinier Louis Vuitton[1] a établi sa société en 1854 et c'est en 1896 que son fils Georges crée la fameuse toile imperméable Monogram[2]. Les ornements graphiques qui composent cette toile comprennent les initiales du créateur de la maison mais aussi des motifs floraux inspirés par des dessins japonais traditionnels, au moment où les arts du pays du Soleil Levant étaient découverts par les peintres impressionnistes[3].

À l'origine, la Maison Vuitton se concentrait sur les articles de bagagerie mais elle s'est depuis diversifiée pour inclure le prêt-à-porter et les chaussures, les stylos, la joaillerie. La Maison promeut aussi la compétition sportive et l'aventure avec des rallyes automobiles, une course de voiliers et une collection littéraire de récits de voyage. En 2010, *la Fondation Louis Vuitton pour la Création* a ouvert un centre à Paris consacré à l'art contemporain. Ce centre est logé dans un « nuage de verre » conçu par l'architecte américain Frank Gehry[4].

Première marque mondiale de produits de luxe, sujette à beaucoup de contrefaçons, le succès international de Louis Vuitton doit beaucoup à son installation sur les marchés asiatiques : Tokyo en 1978, Séoul en 1984 et Pékin en 1992. Depuis, des centaines de boutiques Louis Vuitton sont présentes dans les plus grandes villes des cinq continents.

maroquinier (*n.m.*) : un fabricant de produits en cuir 皮件商

imperméable (*adj.*) : qui résiste à l'eau 防水的

promouvoir (*v.t.*) : faire la promotion 鼓励；推动

rallye (*n.m.*) : une course, une compétition 拉力赛

voilier (*n.m.*) : un bateau à voiles 帆船

consacré à : dédié à, destiné à 致力于……

sujet à : exposé à 易遭到……

contrefaçon (*n.f.*) : une imitation, une copie 伪造品，仿制品

注释

1. 路易·威登（Louis Vuitton, 1821—1892）：法国19世纪著名箱包和皮具商人，路易威登集团的创始人。威登出身贫寒，孩童时代便跟随从事磨坊工作的父母打杂工，16岁离开家乡前往巴黎谋生，学习各类箱包制造手艺。1852年，拿破仑三世的第二帝国（le Second Empire, 1852—1870）建立后，路易·威登经人推荐，有幸为欧仁妮皇后（l'impératrice d'Eugénie）设计制作了一款名为Gris Trianon的旅行箱，这款旅行箱以帆布为主要材料，不仅外形美观，而且轻便耐用，立刻受到热衷出游的皇后青睐，从此名声鹊起。

2. 此处的Monogram俗称"花押字"，即由字母相互交织所成的图案，法语词为monogramme。路易·威登的儿子和继承人乔治·威登（Georges Vuitton）为纪念他的父亲，以其名字的缩写"LV"这两个字母为主体，配以圆圈包围的四叶花卉、四角星、凹面菱形内包四角星等符号，设计出经典的路易威登箱包产品图案。

3. 1867年，在巴黎举行的世界博览会上，以"浮世绘"（l'ukiyo-e）为代表的日本（法语中经常用le pays du Soleil Levant指代"日本"，即"日出之国"的意思）绘画令欧洲艺术家们大开眼界，一批先锋派画家，如马奈、德加、莫奈、梵高、毕加索、马蒂斯等，立即被这种带有东方神秘色彩的风格所吸引，西方艺术界随之掀起一股"日本热潮"，这对当时服装、器皿的设计产生了重大影响。

4. 弗兰克·盖里（Frank Gehry, 1929— ）：生于加拿大多伦多的美国建筑设计师，作品往往由不规则的线条构成，体现近乎怪异的解构主义风格。由盖里设计的路易威登创意基金会中心（la Fondation Louis Vuitton pour la Création）位于巴黎西郊的布洛涅森林，整个建筑由12块弧形玻璃构成，宛如飘浮在空中的云朵（un nuage de verre）。

课后练习

LIRE 精读
1. Quelle était la spécialité de Louis Vuitton ?
2. Quelle est l'origine du logo Louis Vuitton ?
3. Quels sont les produits vendus par cette marque ?
4. À quoi est aussi associée la marque Louis Vuitton ?
5. Quel est l'objectif de la Fondation Louis Vuitton ?
6. Qu'est-ce qui a largement contribué à la renommée de Vuitton dans le monde ?

PARLER 讨论
1. Donnez la définition d'un produit de luxe, des raisons pour lesquelles on achète ce type de produits.
2. Nommez des pays producteurs d'articles de luxe.
3. Dites pourquoi la contrefaçon et les copies illégales posent un sérieux problème pour les marques de luxe.

RECHERCHER 探索
1. Des exemples de prix des produits Louis Vuitton.
2. Les grandes marques de luxe françaises, leurs produits.
3. Le sens des expressions : « Ça coûte les yeux de la tête » et « Jeter de l'argent par les fenêtres ».

POUR FAIRE LE POINT 单元小结

De quelles icônes s'agit-il ? 猜一猜

1. Elle sert à cuisiner très vite mais certains n'y voient pas que des avantages.
2. Lorsqu'on veut résumer la répétition quotidienne, c'est la formule appropriée.
3. On y va lorsqu'on cherche un travail.
4. C'est une grande dame parisienne qui attire des millions de visiteurs.
5. Avec lui, les distances n'ont presque plus d'importance.
6. Elle représente la générosité du système social français, mais elle coûte cher !
7. C'est dans l'une ou l'autre que de nombreux ministres ou grands patrons d'entreprise ont probablement étudié.
8. Il est gros et sympathique, il vous accompagne sur les routes de France.
9. C'est une grande institution du savoir, située au cœur de Paris.

参考答案在本书 p. 286

Langue, médias, culture
语言、媒体、文化

B1	Amélie Poulain	天使爱美丽
B2	Roland Barthes	罗兰·巴特
B2	Canard Enchaîné	《鸭鸣报》
B1	Simone de Beauvoir	西蒙娜·德·波伏瓦
B2	Jacques Derrida	雅克·德里达
B1	Dictée	听写
B1	Festival de Cannes	戛纳电影节
B1	Guignols	吉尼奥尔
B2	Victor Hugo	维克多·雨果
B2	Impressionnistes	印象派
A2	Le Monde	《世界报》
A2	Petit Prince	小王子
A2	Prix Goncourt	龚古尔文学奖
B1	Sempé	桑贝
A2	Tintin	丁丁
B2	Boris Vian	鲍里斯·维昂
	Pour faire le point	单元小结

Amélie Poulain

天使爱美丽

Elle ne s'habille qu'en vert et en rouge, son poisson favori souffre de pulsions suicidaires, les os de son voisin sont tout en verre, elle embarque un nain de jardin dans un tour du monde, elle trouve délicieux le bruit de la croûte d'une crème brûlée qu'elle fait craquer avec sa cuillère, elle déteste les acteurs de cinéma qui ne regardent pas la route quand ils conduisent et elle voudrait faire le bonheur de toute l'humanité. Elle s'appelle Amélie Poulain, elle a un sourire espiègle et les petites histoires qu'elle raconte ont fasciné le monde entier.

Avec *Le Fabuleux Destin d'Amélie Poulain*, Jean-Pierre Jeunet[1] a signé un chef-d'œuvre. Un film pittoresque, inattendu, fruit du travail très subtil de la caméra, des effets spéciaux, du choix des couleurs, de l'attention méticuleuse qu'il donne aux détails. Couronné Film européen de l'année en 2001, il reçoit quatre Césars en 2002[2], fait plus de 30 millions d'entrées dans les cinémas de la planète et est traduit en 25 langues.

Le film n'a pas seulement réveillé la nostalgie du vieux Paris de Montmartre, il a aussi révélé une comédienne très attachante. Audrey Tautou[3] est devenue depuis une actrice fétiche du cinéma français, recherchée par les metteurs en scène contemporains : en 2009[4], elle a joué le rôle de Coco Chanel, une autre figure anticonformiste et déconcertante, comme Amélie.

词汇

os (*n.m.*) : les parties du squelette humain 骨头

nain de jardin (*n.m.*) : un petit personnage, comme les compagnons de Blanche Neige, qu'on place dans les jardins comme décoration 小矮人装饰（放置在花园中的小塑像）

croûte (*n.f.*) : une couche durcie qui recouvre la surface （面包、干酪等的）硬皮

espiègle (*adj.*) : malicieux, coquin, qui aime faire des farces 调皮的，淘气的

chef-d'œuvre (*n.m.*) : une œuvre principale, une pièce maîtresse 代表作，杰作

pittoresque (*adj.*) : qui a du caractère, de l'originalité, du charme 别致的

nostalgie (*n.f.*) : le sentiment, le regret des choses passées, la mélancolie 怀旧

déconcertant, e (*adj.*) : surprenant, étonnant 令人吃惊的，令人困惑的

注释

1. 让–皮埃尔·热内（Jean-Pierre Jeunet，1953— ）：法国当代著名电影导演和编剧，执导的影片多带有奇异魔幻或黑色幽默风格，代表作品有《黑店狂想曲》（*Delicatessen*）、《童梦失魂夜》（*La Cité des enfants perdus*）、《天使爱美丽》（*Le Fabuleux Destin d'Amélie Poulain*，片名直译为《爱美丽·普兰的神奇命运》）等。

2. 2001年，《天使爱美丽》在欧洲电影协会组织的欧洲电影奖（Prix du cinéma européen）评选中获得最佳影片奖（Meilleur Film européen）。2002年，该片在法国凯撒电影节（Les César du cinéma）上一举夺得最佳影片、最佳导演、最佳原创音乐和最佳布景四项桂冠。

3. 奥黛丽·塔图（Audrey Tautou，1976— ）以精湛的演技使"爱美丽"的形象深入人心，一跃成为法国影坛的巨星，她曾多次在热内执导的影片中担任女主角。

4. 2009年，奥黛丽·塔图在由安娜·方丹（Anne Fontaine）执导的影片《时尚先锋香奈儿》（*Coco avant Chanel*）中饰演时尚界的传奇人物可可·香奈儿（Coco Chanel，1883—1971）。关于"可可·香奈儿"的更多信息，请参见本书p.61。

课后练习

LIRE 精读

1. Qui est Amélie Poulain, pourquoi son univers est-il excentrique ?
2. Quel est le but d'Amélie dans la vie ?
3. Qui est le metteur en scène du film *Le Fabuleux Destin d'Amélie Poulain* ?
4. Quels aspects du film ont contribué à son succès ?
5. Dans quel quartier parisien se déroule le film ?
6. Quelles récompenses le film a-t-il reçues ?
7. Qui joue le rôle d'Amélie Poulain dans le film ?
8. Quelle personnalité cette comédienne a-t-elle incarné ensuite ?

PARLER 讨论

1. Donnez des raisons qui peuvent expliquer le succès mondial du film.
2. Citez d'autres films français qui ont reçu un succès comparable. Ont-ils quelque chose en commun ?
3. Décrivez des petits détails de la vie que vous aimez ou que vous n'aimez pas...

RECHERCHER 探索

1. Les phrases qui débutent et concluent le film.
2. La filmographie d'Audrey Tautou.
3. Des détails, des anecdotes sur le quartier de Montmartre à Paris.

Roland Barthes[1] 罗兰·巴特

La critique sémiologique de Roland Barthes s'intéresse à tout : Racine et la tragédie[2], Beethoven[3], Brecht[4], le Japon, la mode, le discours amoureux, le bifteck-frites, le catch, le strip-tease, la DS 21[5], la photographie... Dans un style qui allie savoir et saveur, Barthes déchiffre non pas le sens de ces œuvres, objets ou figures, mais leur signification, c'est-à-dire leur place de mythes dans la culture.

Le mythe – ou signe – est important à étudier parce qu'il habite le langage, qui fonde et régule les rapports sociaux[6]. Les mythes contribuent à créer un discours dominant, celui du « bon sens », que Barthes nomme la doxa : « c'est l'Opinion publique, l'Esprit majoritaire, le Consensus petit-bourgeois, la Voix du Naturel, la Violence du Préjugé » (*Roland Barthes par Roland Barthes*, 1975). Dans *Éléments de Sémiologie* (1965), Barthes formalise une méthode pour décrire le comportement des signes, méthode qu'il avait déjà brillamment illustrée dans ses célèbres textes de *Mythologies* (1957).

Pour contrer la dominance des signes dans le langage, Barthes cherche une signification moins lourde des mots, des idées, autrement dit une « expression blanche », un *Degré zéro de l'écriture* (1953)[7], qu'il trouve par exemple chez Maurice Blanchot[8], dans *L'Étranger* de Camus[9], dans la photographie ou encore dans le haïku japonais.

Roland Barthes examine aussi le rôle du lecteur dans le processus de lecture du texte. De cette interaction entre le texte et le lecteur (*Le Plaisir du Texte*, 1973) provient un univers de sensations et d'expériences.

词汇

saveur (*n.f.*) : ce qui a du goût, qui est savoureux 味道；风味
déchiffrer (*v.t.*) : lire attentivement, analyser 解读，分析
œuvre (*n.f.*) : une création littéraire, artistique （文学、艺术）作品
préjugé (*n.m.*) : une idée préconçue, un stéréotype 偏见
comportement (*n.m.*) : une attitude, une action 表现
haïku (*n.m.*) : forme poétique courte de 5-7-5 syllabes （日本古典短诗中的）俳句

注释

1. 罗兰·巴特（Roland Barthes，1915—1980）：法国20世纪著名的哲学家、文学批评家和思想家，结构主义与符号学（la sémiologie）大师，代表作品包括《写作的零度》（*Le Degré zéro de l'écriture*）、《神话学》（*Mythologies*）、《符号学原理》（*Éléments de sémiologie*）、《文本的愉悦》（*Le Plaisir du texte*）等。
2. 拉辛（Jean Racine，1639—1699）：法国古典主义时代伟大的剧作家，古典悲剧的代表人物。
3. 贝多芬（Ludwig van Beethoven，1770—1827）：德国作曲家、钢琴家，维也纳古典主义乐派后期的代表人物，世界音乐史上最伟大的音乐家之一，被誉为"交响乐之王"。
4. 布莱希特（Bertolt Brecht, 1898—1956）：德国伟大的剧作家、戏剧理论家和评论家，反法西斯斗士，注重戏剧艺术的教育作用，被视为20世纪重要的戏剧改革家。
5. DS属于雪铁龙公司的"敞篷车"系列，1955年至1975年间十分畅销。但随着石油危机的冲击，西方经济开始衰退，这种车型日益

淡出人们的生活。不过，之后DS借助中国市场（与长安汽车合作的"谛艾仕"），销售状况有所恢复。

6. 罗兰·巴特在《神话学》中指出"神话是一种话语（le langage）"，即符号（le signe），但这种"话语"并非普通意义上的"话语"，而是居于统治地位的资产阶级意识形态所塑造的现代神话，《神话学》正是致力于揭穿这些伪造的"自然法则"，发现隐藏于日常世界背后的种种观念以及这些观念制造者的企图。

7. 罗兰·巴特在他的著作《写作的零度》中指出："零度写作"（l'écriture degré zéro）是不同于通常写作活动的另一类理想状态，指写作者不掺杂任何个人情感的纯理性写作，即所谓的"白描"（une expression blanche）。

8. 莫里斯·布朗肖（Maurice Blanchot，1907—2003）：法国当代小说家、文学评论家和哲学家，"新批评"运动（la Nouvelle Critique）的代表人物。

9. 阿尔贝·加缪（Albert Camus，1913—1960）：法国当代著名哲学家、作家和评论家，代表作有《局外人》（*L'Étranger*）、《鼠疫》（*La Peste*）等。

课后练习

LIRE 精读

1. Quels sont les domaines d'observation de Roland Barthes ?
2. Qu'est-ce qu'un « mythe » pour Roland Barthes ?
3. Pourquoi le langage est-il important pour Barthes ?
4. Comment Barthes définit-il la doxa ?
5. Qu'est-ce qu'une « écriture blanche » pour Barthes ?
6. Comment Barthes assigne-t-il un « rôle » au lecteur ?

PARLER 讨论

1. Nommez et décrivez des grands mythes contemporains, la manière dont ils se manifestent dans nos vies, nos sociétés, le langage.
2. Exprimez votre opinion sur cette note de Roland Barthes : « Le dictionnaire est une machine qui fait rêver » (*Préface*, Dictionnaire Hachette, 1980).

3. Commentez cette remarque de Roland Barthes : « C'est l'un des traits constants de toute mythologie petite-bourgeoise que cette impuissance à imaginer l'Autre. L'altérité est le concept le plus antipathique au "bon sens" » (*Mythologies*, 1957).

RECHERCHER 探索

1. La biographie et la bibliographie de Roland Barthes.
2. Des objets culturels étudiés par Roland Barthes dans *Mythologies* (1957).
3. Le sens de « la mort de l'auteur » (1968) pour Roland Barthes.

Canard Enchaîné[①]

《鸭鸣报》

Le journal le plus respecté – et le plus craint de France – a publié son premier numéro pendant la Grande Guerre (1914—1918). Son fondateur, Maurice Maréchal[②], voulait contrer avec humour la voix du gouvernement, qu'il qualifiait de « bourrage de crâne ». *Le Canard Enchaîné* n'a pas cessé de paraître depuis, à l'exception de la période de l'Occupation[③], de 1940 à 1944. Chaque mercredi, jour de la publication de l'hebdomadaire satirique, une certaine nervosité s'installe : *le Canard* va-t-il révéler un nouveau scandale, dénoncer la fraude d'un ministre ou révéler une « affaire » qui va déstabiliser un haut-responsable du monde politique ou de la finance ?[④] Sur un ton ironique, le journal commente l'actualité d'une autre manière, en spectateur et en témoin.

Le Canard, comme il est communément appelé, bénéficie d'un réseau de sources proches des milieux du gouvernement, de l'administration et des affaires. Ces sources lui permettent généralement d'obtenir des informations fiables et exclusives, qui alimentent les articles et les enquêtes. Lorsqu'un « couac » (information erronée) a été publié, le journal corrige aussitôt avec une note dans la rubrique « Pan sur le bec ! »[⑤].

Emblème de la liberté de la presse et de son indépendance face au pouvoir, *le Canard* ne contient aucune publicité, ses revenus viennent essentiellement d'un lectorat fidèle et de ses nombreux abonnés.

词汇

craint (*p.p.*) : qui inspire la crainte, l'appréhension, qui est redouté 令人害怕的

bourrage de crâne : une propagande, un endoctrinement <俗> 洗脑

hebdomadaire (*n.m.*) : journal publié toutes les semaines 周刊，周报

témoin (*n.m.*) : qui exprime son opinion, son point de vue 证明人

réseau (*n.m.*) : un ensemble de relations, de collaborateurs （关系）网络

fiable (*adj.*) : qui est sûr, qui inspire confiance 可信的，真实的

lectorat (*n.m.*) : l'ensemble des lecteurs d'une publication 读者群

abonné (*n.m.*) : un lecteur qui a souscrit à une publication 订阅者，用户

注释

1. 《鸭鸣报》（*Le Canard Enchaîné*，又译为《绑鸭报》）于1915年9月创刊，此时正值第一次世界大战时期（la Grande Guerre）。当时有一份报纸名为《自由人》（*L'Homme libre*），是由著名政治家乔治·克莱蒙梭（Georges Clemenceau）于1913年创办的。由于该报经常批评当时的政府作战不力、揭露政府的虚假宣传，因而遭到新闻审查（la censure de la presse）机构的制裁，之后该报更名为《被桎梏的人》（*L'Homme enchaîné*）。*Le Canard Enchaîné*这一名称就与该事件有关。canard一词在法语里还有"小报"的意思，"被禁锢的鸭子"也可以被理解为"受监控和管制的报纸"。

2. 莫里斯·马雷夏尔（Maurice Maréchal，1882—1942）：法国左翼记者，1915年与同为记者的妻子让娜·马雷夏尔（Jeanne Maréchal）和漫画家加西耶（Henri-Paul Deyvaux-Gassier）共同创办《鸭鸣报》。

3. 此处"占领期"（la période de l'Occupation）指"二战"中法国被纳粹德国击败并占领的时期。
4. 《鸭鸣报》创刊一个多世纪以来，始终以揭露法国政坛要人、金融大亨、社会名流的丑闻、内幕著称，如1934年的诈骗犯史塔维斯基（Alexandre Stavisky）"自杀"事件、1971年的政治家夏邦—戴尔马（Jacques Chaban-Delmas）偷税案和1979年的德斯坦（Valéry Giscard d'Estaing）"钻石"事件等。
5. 句中couac是拟声词，原指禽鸟令人生厌的"嘎嘎"叫声，该词在法语中有"假消息"（information erronée）的意思。每当《鸭鸣报》发现有消息错误，立即会在"纠错专栏"中加以更正，这个专栏名为"Pan sur le bec !"，这里pan也是一个拟声词，表示被击中、被打中的声音，直译过来就是"砰！正中鸭嘴"（好似正好击中了一只正在"couac, couac"乱叫的鸭子嘴上）。

课后练习

LIRE 精读
1. *Le Canard Enchaîné* a été créé à quelle époque ?
2. À quel moment le journal a-t-il cessé d'être publié ?
3. Quelle est la ligne éditoriale du journal ?
4. Pourquoi et par qui ce journal est-il craint ?
5. Comment *le Canard* obtient-il ses informations ?
6. Comment le journal est-il financé ?

PARLER 讨论
1. Décrivez le rôle de la presse dans nos sociétés.
2. Expliquez comment la presse peut survivre financièrement.
3. Selon vous, les journalistes peuvent-ils exercer leur profession librement partout dans le monde ?

RECHERCHER 探索
1. Le sens du mot « canard » pour la presse et l'origine du nom « Canard Enchaîné ».
2. Un ou deux exemples de « scandales » politiques révélés par *le Canard Enchaîné*.
3. Les différents sens de l'expression : « Faire un canard ».

Simone de Beauvoir[①]

西蒙娜·德·波伏瓦

Les femmes comptent pour la moitié de l'humanité, mais la place qu'elles occupent dans les sociétés n'est pas proportionnelle à cette réalité démographique. En d'autres mots, les femmes ont un statut de minorité dans un monde contrôlé par le principe de masculinité. Pour sortir de cette situation, elles doivent combattre pour un autre principe, celui de l'égalité.

C'est cette position que Simone de Beauvoir défend dans *Le Deuxième Sexe* (1949), où elle expose les mécanismes de la construction culturelle qui gouverne les rapports entre les sexes dans les institutions, les lois, les droits civiques, le mariage, la maternité, l'éducation, la religion, etc. L'ouvrage encourage les femmes à reprendre leur destinée en main, une destinée façonnée par l'histoire multimillénaire (et masculine) des sociétés humaines.

Intellectuelle brillante, Simone de Beauvoir a aussi réfléchi sur la situation des grands malades (*Une Mort très douce*, 1964)[②] et des personnes âgées (*La Vieillesse*, 1970)[③]. Elle a laissé également une importante somme autobiographique, dans laquelle elle parle de sa jeunesse, de ses relations avec sa famille et ses amis, de sa vie intime.

Simone de Beauvoir appartient à une longue lignée de militantes qui ont fait avancer la cause de l'émancipation des femmes et, même si aujourd'hui les positions qu'elle défendait ne correspondent plus tout à fait à celles du féminisme contemporain, elle reste exemplaire par son engagement total et par toutes les actions concrètes qu'elle a accomplies.

词汇

rapports (*n.m.pl.*) : les relations entre personnes, les interactions （人际）关系，联系
réfléchir (*v.i.*) : examiner, analyser une question 思考，思索
lignée (*n.f.*) : une succession, une série 派系，系列
émancipation (*n.f.*) : la libération, l'indépendance 解放
engagement (*n.m.*) : l'action de combattre pour une cause 投入（战斗或社会运动）

注释

1. 西蒙娜·德·波伏瓦（Simone de Beauvoir, 1908—1986）：法国当代著名哲学家、小说家，其代表著作《第二性》（*Le Deuxième Sexe*）是现代女权主义运动的经典之作。

2. 《宁静而死》（*Une Mort très douce*）：波伏瓦于1964年出版的短篇自传作品，记录了她的母亲意外跌倒后不幸去世的经历，作家以强烈的情感叙述与母亲度过的最后一段时光，作品涉及垂危病人救治和安乐死等话题。

3. 《衰老》（*La Vieillesse*）：波伏瓦于1970年出版的随笔作品，从政治、社会、哲学及心理学等多个角度分析法国及西方世界面临的老龄化问题。

课后练习

LIRE 精读

1. Par quel paradoxe peut-on résumer la position sociale des femmes ?

2. Quel est le titre de l'ouvrage le plus célèbre de Simone de Beauvoir ?

3. Pourquoi a-t-elle écrit ce livre ?
4. Dans quels domaines l'inégalité entre hommes et femmes est-elle visible ?
5. Sur quel autre sujet Simone de Beauvoir a-t-elle aussi écrit ?

PARLER 讨论

1. Commentez cette célèbre phrase de Simone de Beauvoir : « On ne naît pas femme, on le devient » (*Le Deuxième sexe*, 1949).
2. Décrivez des situations qui illustrent la condition des femmes dans le monde.
3. Dites laquelle de ces propositions vous paraît prioritaire :
   - L'égalité sociale et légale entre hommes et femmes.
   - L'affirmation et la reconnaissance des différences entre hommes et femmes.

RECHERCHER 探索

1. Les titres, les thèmes des ouvrages de Simone de Beauvoir.
2. Le nom du groupe auquel Simone de Beauvoir participait dans les années 70 et qui luttait pour l'émancipation des femmes.
3. Des cas où l'égalité entre hommes et femmes est observable dans les faits.

Jacques Derrida[①]

雅克·德里达

Le philosophe français le plus lu au monde fait partie d'une génération d'intellectuels qui ont marqué l'après-guerre dans des domaines tels que la philosophie, la sociologie, la psychanalyse, l'histoire, la critique littéraire, l'épistémologie. Jacques Derrida est l'auteur d'une œuvre volumineuse qui a refaçonné les systèmes de pensée modernes et influencé les milieux intellectuels d'aujourd'hui.

Jacques Derrida est né en Algérie en 1930, il a enseigné la philosophie à Paris et dans de nombreuses universités américaines[②]. Après la publication de ses ouvrages-clés en 1967 (*De la Grammatologie* et *L'Écriture et la Différence*), son nom est associé à l'ère de la postmodernité[③] et surtout à la déconstruction[④], une stratégie de lecture des « grands textes » classiques qui interroge la binarité des concepts analytiques (corps / esprit, sacré / profane, parole / écriture, présence / absence, etc.) et leur hiérarchie. Déconstruire engage ainsi à suivre la trace de voix toujours complexes et différentes qui s'échappent de notions totalisantes.

On a beaucoup parlé du style obscur de Jacques Derrida. Dans une lettre de 1992, un groupe d'universitaires britanniques déclarait que l'œuvre de Derrida « n'était pas conforme aux normes acceptées de clarté et de rigueur[⑤] ». Rien n'est immédiatement clair en effet dans les pages de Derrida, le mot fait souvent double sens, l'ellipse rend les phrases plus ouvertes, les allusions, les références déconcertent le lecteur.

Jacques Derrida a publié plus de 80 ouvrages, travaillant frénétiquement, conscient que la vie est toujours menacée par la mort. Il est décédé à l'automne 2004 à la suite d'une longue maladie.

词汇

tel que : comme 例如
œuvre (*n.f.*) : travail, travaux, publications （文学、艺术）作品
ouvrage-clé (*n.m.*) : publication principale, essentielle 代表作
suivre (*v.t.*) : accompagner 跟随，伴随
ellipse (*n.f.*) : qui n'est pas dit explicitement （修辞中的）省略
déconcerter (*v.t.*) : troubler, surprendre, dérouter 扰乱；使慌张
frénétiquement (*adv.*) : avec ardeur, passion 狂热地

注释

1. 雅克·德里达（Jacques Derrida, 1930—2004）：20世纪下半叶重要的哲学家和思想家，解构主义（参见注释4）大师，一生著作颇丰，涉及哲学、社会学、语言学等多个领域。代表作有《书写与差异》（*L'Écriture et la Différence*）、《论文字学》（*De la grammatologie*）等。
2. 德里达曾在巴黎高等师范学院、法国社会科学高等研究院、美国约翰·霍普金斯大学、耶鲁大学等欧美名校任教。
3. "后现代主义"时代（l'ère de la postmodernité）：通常指发端于20世纪60年代末，盛行于70与80年代的西方艺术、社会和哲学思潮，反对强调主体性，反对主客观对立，其推动者多为存在主义和解构主义的思想家和知识分子，德里达是其中的代表人物。
4. 解构主义（la déconstruction）是对以柏拉图为代表的西方传统哲

学或以结构主义（le structuralisme）为代表的西方现代哲学的反叛，20世纪60年代兴起于法国。解构主义的代表人物德里达认为，自柏拉图以来的"形而上学"形成了一种潜在的定势，万物背后都有一个根本原则、一个支配性的力，这种终极的、真理的、第一性的东西构成了一系列的逻各斯，即永恒不变，近似于"神的法律"，背离逻各斯就意味着走向谬误，这束缚了思想，也进一步束缚了人类文化和生活的方方面面。解构主义就是要打破这类霸道的秩序，如社会道德秩序、个人意识习惯、无意识的民族性格等。

5. 1992年5月，英国的《泰晤士报》刊登了一封由20多位学者署名的公开信，联名反对剑桥大学授予德里达名誉博士学位，理由是德里达的作品"文风含混不清，毫无章法可言"。6月11日，剑桥大学学位委员会经过表决，高票通过授予德里达荣誉博士学位的提议。

课后练习

LIRE 精读

1. En quoi Jacques Derrida est-il un intellectuel pluridisciplinaire ?
2. La réflexion de Derrida est à l'origine de quelle notion ?
3. Quelle est l'objectif de cette approche philosophique ?
4. Cette réflexion suppose quels procédés ?
5. Quelle critique a été adressée à Jacques Derrida ?
6. Quelles techniques stylistiques utilise-t-il ?

PARLER 讨论

1. Citez des « binômes » (e.g., parole / écriture, présence / absence, nuit / jour), montrez comment les deux éléments sont complémentaires.
2. Présentez une brève définition de la philosophie, expliquez son rôle, ses objectifs.
3. Selon vous, une réflexion sur la complexité peut-elle s'exprimer simplement ? Commentez cette remarque de Nicolas Boileau : « Ce qui se conçoit bien s'énonce clairement / Et les mots pour le dire arrivent aisément » (*Art poétique, Chant I*, 1674).

RECHERCHER 探索

1. Le metteur en scène américain qui s'est inspiré de l'œuvre de Derrida, le titre du film.
2. Les auteurs, les œuvres analysés dans les ouvrages de Jacques Derrida.
3. Une définition de la postmodernité.

Dictée

听写

La dictée, cauchemar des écoliers depuis la Troisième Républi-que[1], revient aujourd'hui en force dans les pratiques quoti-diennes. Face au déclin de la maîtrise des règles de la langue, les universités intègrent des cours d'orthographe dans les programmes, les grandes écoles imposent une dictée à leur concours d'entrée et les entreprises font de plus en plus attention aux qualités orthographiques des candidats à un emploi.

Les raisons de ce déclin sont multiples et anciennes, on peut citer comme exemples la plus grande tolérance envers les « fautes » de langue, la prééminence du visuel sur le textuel, le langage « texto »[2] et, bien sûr, l'extrême complexité des règles parfois.

Une tentative pour simplifier l'orthographe a eu lieu dans les années 90 mais des spécialistes la jugent trop timide et envisagent des réformes plus radicales, comme par exemple ignorer les doubles consonnes non prononcées : « Au colège, il est dificile d'apeler un inocent une persone inofensive » ; les lettres « y » et « h » seraient aussi éliminées : « biciclete », « ipotèse », « bibliotèque », « téorie », « rume » et « ortografe »... Plus encore, les bizarreries du pluriel en « x » seraient supprimées : des animaus, des chevaus, les cheveus, etc.

Ces propositions provoquent des controverses et irritent tous les passionnés de la dictée qui participent chaque année à des concours nationaux[3]. Mais les avocats du changement ont leur argument : la langue est un organisme naturel qui évolue et les institutions doivent suivre.

词汇

cauchemar (*n.m.*) : un mauvais rêve, une hantise, une crainte excessive 噩梦

quotidien, ne (*adj.*) : de tous les jours, courant, commun 每天的，日常的

concours (*n.m.*) : un examen compétitif et sélectif （选拔）考试

prééminence (*n.f.*) : la prédominance, la prépondérance 优势，优越

règle (*n.f.*) : la norme, l'usage, la convention 规则，标准

orthographe (*n.f.*) : l'ensemble des règles et des usages des mots écrits 拼写规则

suivre (*v.t.*) : se conformer 遵循

注释

1. 第三共和国（la IIIᵉ République，1870—1940）非常重视初等教育，在小学和初中大力推进语言规范化运动，"听写"由此成为学生必须经受的"磨炼"。
2. 随着网络的普及，以短信（le texto）为代表的简单化、碎片化的文字表达对语言规范造成很大的挑战。
3. 最具影响力的法语听力比赛当属由著名记者和文化节目主持人贝尔纳·毕佛（Bernard Pivot）于1985年发起的全国法语拼写冠军赛（Championnat de France d'orthographe）和1988年开始的世界法语拼写冠军赛（Championnat du monde d'orthographe）。2016年3月20日，即国际法语日（la Journée internationale de la Francophonie）当天，首届中国毕佛听写大赛（Dictée de Pivot）总决赛在位于北京的瑞士驻华大使官邸举办。

课后练习

LIRE 精读

1. À quoi sert la dictée ?
2. Qu'est-ce qui montre que le niveau de connaissance des règles de la langue baisse ?
3. Quelles sont les causes possibles ?
4. Pourquoi veut-on réformer l'orthographe ?
5. Quelles réformes sont proposées ?
6. Existe-t-il une opposition aux réformes ?
7. Comment est justifiée la nécessité de réformer l'orthographe ?

PARLER 讨论

1. Citez des exemples de réforme d'autres langues dans le monde.
2. Exprimez votre opinion sur ces propositions :
   - La connaissance de l'orthographe est en déclin parce qu'on lit moins aujourd'hui.
   - Les règles du français sont trop compliquées, il faut les simplifier.
   - Les réformes sont une validation des nouveaux usages de la langue.
3. Commentez cette remarque de Paul Valéry :
   « On a trop réduit la connaissance de la langue à la simple mémoire. Faire de l'orthographe le signe de la culture, [c'est un] signe des temps et de la sottise » (*Tel Quel*, 1941).

RECHERCHER 探索

1. Faire une composition en un ou deux paragraphes qui incorpore les propositions de réformes de l'orthographe évoquées dans le texte.
2. Des exemples de réformes récentes de l'orthographe française.
3. Le sens des expressions : « langue de bois » et « langue de Molière ».

Festival de Cannes^①

夏纳电影节

En mai chaque année, a lieu l'évènement principal du cinéma en France : le Festival de Cannes. Il se déroule dans un cadre prestigieux, sur la Croisette^②, à quelques pas des flots bleus de la Méditerranée. C'est une occasion unique pour les amateurs d'apercevoir les stars de cinéma faire leur entrée sur le tapis rouge qui couvre les « 24 marches de la gloire » du Palais des Festivals et des Congrès.

La première édition du Festival a eu lieu en 1946, juste après la guerre^③. Depuis, le jury de Cannes décerne chaque année sa récompense suprême, la Palme d'Or^④, au meilleur film de l'année, français ou étranger. Des prix sont aussi attribués au meilleur acteur ou à la meilleure actrice (Prix d'interprétation), au meilleur metteur en scène (Prix de la mise en scène), au meilleur scénariste...

Le festival fait grand bruit dans les médias. Plusieurs milliers de journalistes et de photographes, des centaines de stations de radio et de télévision sont présents dans la ville. L'industrie du cinéma en France est naturellement bénéficiaire de cet évènement annuel, les films récompensés sont en général assurés d'un bon succès commercial.

se dérouler (*v.pr.*) : avoir lieu, se passer 发生，举办

cadre (*n.m.*) : l'environnement, le lieu 环境，背景

flots (*n.m.pl.*) : la mer <诗>海

apercevoir (*v.t.*) : voir brièvement 瞥见

décerner (*v.t.*) : attribuer, accorder 颁发，授予

récompense (*n.f.*) : un prix 奖赏

faire grand bruit : avoir un grand écho médiatique 产生巨大影响，轰动

注释

1. 戛纳电影节（le Festival de Cannes）：国际影坛最具影响力的电影节之一，与柏林电影节、威尼斯电影节同为欧洲乃至世界电影界的盛会。1939年6月，为提振国威，同时针对欧洲法西斯势力日益猖獗的严峻形势，法国政府决定组织国际电影节，但不久之后战争爆发，电影节被迫中断。1946年9月20日，首届戛纳电影节正式开幕。

2. "小十字架大道"（la promenade de la Croisette）是戛纳城中的一条沿海街道，直通戛纳电影节的举办地"影节宫"（le Palais des Festivals et des Congrès，参考注释3）。

3. 首届戛纳电影节举办时，由于条件有限，只能暂用已经停止经营的老赌场作为活动场地。1949年，位于"小十字架大道"的"影节宫"终于建成，成为电影节庆典活动的主要场所；1979年，新"影节宫"在"小十字架大道"的另一段落成，一直沿用至今。

4. 金棕榈奖（la Palme d'Or）：戛纳电影节官方评委会颁发的最高奖项，其名称和奖杯的形状来源于地中海沿岸的棕榈树，它是戛纳城的象征之一。

课后练习

LIRE 精读

1. Où se trouve Cannes ? Que s'y passe-t-il chaque année ?
2. Depuis quand cet évènement a-t-il lieu ?
3. Quel rituel particulier caractérise le Festival de Cannes ?
4. Quel prix est le plus prestigieux ?
5. Quelles récompenses sont également distribuées ?
6. Pourquoi peut-on dire que le Festival est un grand évènement médiatique ?
7. De quelle façon la profession profite de cet évènement ?

PARLER 讨论

1. Présentez un grand évènement cinématographique dans le monde.
2. Citez les grands pays producteurs de films, nommez les stars contemporaines du cinéma.
3. Commentez cette remarque de John Ford (1894-1973), metteur en scène américain : « Le meilleur cinéma, c'est celui où l'action est longue et les dialogues brefs ».

RECHERCHER 探索

1. Des films qui ont obtenu le premier prix à Cannes ; des acteurs, actrices, qui ont obtenu des récompenses.
2. La raison pour laquelle on appelle le cinéma le « septième art ».
3. Le sens de l'expression : « Faire tout un cinéma ».

*Guignols*①

吉尼奥尔

Guignol est un personnage inventé vers 1810 par Laurent Mourguet②, dentiste amateur à Lyon. Selon la légende, Mourguet avait imaginé Guignol pour attirer et amuser les gens pendant qu'il opérait ses clients. Depuis, les aventures de cette marionnette et de ses compagnons (son ami Gnafon, son ennemi le Gendarme Flageolet et la mère Michel) ont fasciné des générations d'enfants, qui adorent ce théâtre participatif où on leur demande d'exprimer leurs sentiments, leurs émotions, leurs opinions.

En 1988, une nouvelle tradition de marionnettes s'est imposée, visant les adultes cette fois : « les Guignols de l'info »③. Cette émission est la plus populaire de l'histoire de la télévision française. Satire de la société, de la scène internationale, de la politique, les marionnettes des Guignols interviennent dans un journal télévisé en direct animé par PPD, initiales de Patrick Poivre d'Arvor④, ex-présentateur vedette d'une chaîne de télévision nationale.

Chaque soir, l'actualité est revue et rejouée pendant une dizaine de minutes par ces marionnettes grotesques, à l'humour féroce, qui parodient des personnalités de la politique, du spectacle, caricaturent des célébrités du sport, des affaires, des médias. Les marionnettes paraissent aussi vraies que les personnages réels, créant ainsi une certaine confusion dans l'opinion publique.

词汇

marionnette (*n.f.*) : une figurine animée par une personne cachée 木偶

viser (*v.t.*) : fixer pour objectif, cibler 针对，以……为目标

satire (*n.f.*) : une critique par l'humour 讽刺（作品）

en direct : qui est diffusé en temps réel 直播

animer (*v.t.*) : présenter 主持（节目）

vedette (*n.f.*) : célèbre, notoire 明星

parodier (*v.t.*) : représenter, personnifier avec humour （戏谑地）模仿

注释

1. guignol在法语中原指"布袋木偶"，转义为"举止可笑的人"，该词源于穆尔盖（参见注释2）所创作的木偶剧主人公的名字。

2. 洛朗·穆尔盖（Laurent Mourguet，1769—1844）：法国布袋木偶表演家，"吉尼奥尔"（Guignol）这一经典形象的创造者。穆尔盖早年从事过许多职业，还曾经兼职为别人拔牙，为了分散病人的注意力，缓解他们的恐惧心理，穆尔盖经常为他们表演木偶戏，最终这成为了他一生的事业。穆尔盖及其家人所表演的剧目主题贴近下层人民的日常生活，而且会根据观众的要求来设定情节（le théâtre participatif），因而特别受到欢迎。

3. *Les Guignols de l'info*是一档在法国Canal+电视台（私营付费电视台）播出的时政讽刺节目，1988年首播，2015年更名为*Les Guignols*。在该节目中，最常见的主角是政治、经济界的要人，他们的形象都由人偶代替，有时也会有演艺界或体育界的明星人偶。节目中人偶的造型与真实人物极为相近，而且使用真实人物的姓名，表演大胆犀利，颇受法国公众的追捧。

4. 帕特里克·普瓦夫尔·达沃尔（Patrick Poivre d'Arvor, 1947—）：法国著名的记者、主持人和作家。

课后练习

LIRE 精读

1. Comment est née la marionnette Guignol ?
2. Pourquoi les enfants aiment Guignol ?
3. Aujourd'hui, qui sont les Guignols ? Qui les regardent ?
4. Qui est l'objet de leur humour ?
5. Comment sont-ils mis en scène ?
6. Qu'est-ce qui montre que les Guignols ont réussi leurs imitations ?

PARLER 讨论

1. Présentez des émissions de télévision comparables aux Guignols de l'info dans d'autres pays.
2. Débattez ces propositions :
   - La parodie est un instrument de critique puissant d'abord parce qu'elle dit la vérité et ensuite parce qu'elle fait rire.
   - La quantité de liberté accordée aux citoyens d'une nation est proportionnelle au degré d'humour que son gouvernement est capable de tolérer.

RECHERCHER 探索

1. Des marionnettes célèbres de l'émission des Guignols de l'information.
2. Des théâtres de marionnettes traditionnels dans le monde.
3. Le sens de cette remarque du biologiste Félix le Dantec : « L'homme est une marionnette consciente qui a l'illusion de sa liberté » (*Science et Conscience*, 1908).

Victor Hugo[①]   维克多·雨果

La première chose qu'on associe à Victor Hugo c'est l'ampleur, l'échelle, le volume de sa production. Il s'est exprimé dans des genres aussi différents que le roman, la poésie, le théâtre et l'essai. Hugo a également été un homme engagé[②] : élu député en 1848, il quitte la France trois ans plus tard à la suite du coup d'état de Louis-Napoléon Bonaparte[③]. Quand il rentre enfin après la défaite du Second Empire, Victor Hugo a passé vingt ans en exil[④]. Il meurt en 1885 à Paris, à l'âge de 82 ans. Des millions de Parisiens assistent à ses funérailles au Panthéon[⑤].

L'œuvre de Victor Hugo est un pôle majeur de la littérature française : romantique et baroque, son œuvre continue de surprendre par son exubérance et sa générosité. Il reste aujourd'hui le plus populaire des auteurs français, on apprécie ses tableaux éloquents de la condition des plus pauvres, des opprimés, du peuple silencieux. Victor Hugo irrite aussi parfois et pour les mêmes raisons qu'il est aimé : lorsqu'on lui demandait qui était le plus grand poète français, André Gide[⑥] a répondu : « Victor Hugo, hélas ! »

Victor Hugo est incontournable : on marche partout en France le long d'avenues ou de boulevards Victor Hugo[⑦], on s'arrête sur des places Victor Hugo, on déjeune dans des brasseries Victor Hugo, les enfants étudient dans des « écoles Victor Hugo ». Le visage aux cheveux blancs du penseur social au front si large a même figuré longtemps sur les billets de 5 francs[⑧].

词汇

échelle (*n.f.*) : la dimension 等级，层次

député (*n.m.*) : un représentant du peuple à l'Assemblée （国民议会的）议员

funérailles (*n.f.pl.*) : un enterrement, une inhumation, les obsèques 葬礼

œuvre (*n.f.*) : la production littéraire, les publications （文艺）作品

éloquent, e (*adj.*) : convaincant, persuasif 雄辩的，有说服力的

opprimé, e (*adj.*) : asservi, dominé, tyrannisé 受压迫的

hélas ! (*interj.*) : malheureusement ; qui exprime le regret 唉！哎呀！（表示遗憾、惋惜或糟糕）

incontournable (*adj.*) : qu'on ne peut pas éviter, ignorer 无法回避的

注释

1. 维克多·雨果（Victor Hugo，1802—1885）：法国19世纪伟大的作家、诗人、戏剧家、社会活动家，积极浪漫主义的领军人物，法兰西学术院院士。主要作品包括剧本《艾纳尼》（*Hernani*）、《吕易·布拉斯》（*Luy Blas*），诗集《东方集》（*Les Orientales*）、《沉思集》（*Les Contemplations*）、《秋叶集》（*Les Feuilles d'automne*），小说《巴黎圣母院》（*Notre-Dame de Paris*）、《悲惨世界》（*Les Misérables*）、《笑面人》（*L'Homme qui rit*）、《九三年》（*Quatrevingt-treize*）、《海上劳工》（*Les Travailleurs de la mer*）等。关于"法兰西学术院"的更多信息，请参见本书p.91。

2. 此处un homme engagé的意思是"积极投身社会政治活动的人"，一般指政治态度激进的左派人士。雨果在1848年第二共和国（la IIᵉ République，1848—1852）建立后当选为国民议会的议员（un député），坚决捍卫民主制度，反对任何独裁的企图。

3. 拿破仑三世（Napoléon III）：本名"路易–拿破仑·波拿巴"

（Louis-Napoléon Bonaparte, 1808—1873），拿破仑一世的侄子。1851年，路易–波拿巴发动政变，成为独裁者，次年恢复帝制，史称法兰西第二帝国（le Second Empire, 1852—1870）。为表示对已故的拿破仑皇帝及其未登基而夭折的皇子的尊敬，路易–波拿巴自称为"拿破仑三世"。

4. 1848年，法国爆发"二月革命"，建立第二共和国（la IIᵉ République），随即举行法国历史上首次共和国总统大选。当时的候选人之一路易–波拿巴由于其家族的原因，属于受排挤的"反对派"，提出的竞选纲领显示出"亲民"色彩，因而得到雨果等进步人士的支持。路易–波拿巴大权在握后，独裁的真面目很快显现出来，雨果立刻与他决裂，并撰写文章对其予以抨击，因此遭到当局追捕，被迫流亡海外。雨果对于路易–波拿巴的支持很大程度上源于对拿破仑时代的怀念和对拿破仑的崇拜。

5. 1885年5月22日，雨果与世长辞。6月1日，法国政府在巴黎为这位大文豪举行国葬（des funérailles nationales），雨果的灵柩在两百多万人的陪伴下进入先贤祠（le Panthéon），这是共和国向这位为了自由、平等和民主奋斗一生的人道主义战士所表达的最崇高的敬意。

6. 安德烈·纪德（André Gide, 1869—1951）：法国著名作家、诗人，其作品崇尚自由与宁静，代表作品包括小说《窄门》（*La Porte étroite*）、《伪币制造者》（*Les Faux-monnayeurs*），散文集《人间粮食》（*Les Nourritures terrestres*）等。

7. 法国很多城镇都有以Victor Hugo命名的街道、广场、学校等。例如巴黎、南特、里尔、尼斯等城市都有名为Boulevard Victor Hugo的道路。

8. 1959年，法兰西银行为了纪念雨果，将其头像印刷在5法郎面值的纸币上。该纸币正面背景为他埋葬其中的先贤祠，背面背景为其生前居住过的孚日广场（Place des Vosges）。

课后练习

LIRE 精读

1. Qu'est-ce qui montre que Victor Hugo est un auteur prolifique et divers ?

2. Quel rôle politique a joué Victor Hugo ?
3. Pourquoi Victor Hugo a-t-il choisi de vivre hors de France ?
4. Quand revient-il en France ? Après combien de temps ?
5. Quand a-t-il disparu ? Où est-il enterré ?
6. Qu'est-ce qu'on admire dans l'œuvre de Hugo ?
7. Victor Hugo est-il critiqué ?
8. Pourquoi peut-on dire que Victor Hugo est toujours une personnalité importante en France ?

PARLER 讨论

1. Nommez de grands auteurs nationaux dans d'autres pays du monde.
2. Présentez votre conception du rôle de l'artiste et de l'écrivain dans la société.
3. Commentez cette remarque sous forme de jeu de mots de Victor Hugo : « L'homme fort dit : je suis. Et il a raison. Il est. L'homme médiocre dit également : je suis. Et lui aussi a raison. Il suit. » (*Océan*, 1850).

RECHERCHER 探索

1. Les grandes œuvres et les personnages de Victor Hugo.
2. La vie de Victor Hugo en exil, les lieux de son exil.
3. Les « grands hommes » enterrés au Panthéon à Paris.

Impressionnistes

印象派

Le 14 juillet 1789, le peuple de Paris s'est révolté pour renverser l'Ancien Régime[1] ; le 15 avril 1874, des artistes se sont réunis dans le cadre d'une exposition pour imposer un nouveau style, contre les canons esthétiques classiques[2]. Le succès des peintres impressionnistes n'a pas été aussi immédiat que celui des révolutionnaires, mais leurs œuvres ont finalement donné naissance à l'art moderne.

En 1872, Claude Monet[3] nomme son tableau *Impression, soleil levant*, trois mots qui résument les idées essentielles de cette nouvelle génération de peintres : attention au fugitif, à l'instant, à l'impression créée par le mouvement ; importance du sujet situé en plein air, à l'extérieur ; prééminence des couleurs, de la lumière, des reflets ; et ce « soleil levant » n'est-il pas aussi une référence au Japon ? Ce Japon des peintres de l'ukiyo-e (images du monde flottant), comme Hokusai[4], Hiroshige[5], qui ont tant inspiré les impressionnistes.

Les œuvres de Monet coûtent aujourd'hui des sommes faramineuses, mais les impressionnistes ont été moqués et attaqués par les journalistes et les critiques d'art de l'époque, par leurs collègues de la tradition académique. Certains amis de Monet, comme Camille Pissaro[6], ont longtemps vécu dans la misère.

Avec les impressionnistes, l'art prend un nouveau sens : ce ne sont plus la vraisemblance, la ressemblance, les formes, la narration qui comptent dans la création ; le sujet est désormais la relation de l'artiste au monde et l'impression que ce monde produit sur lui.

█ 词汇

renverser (*v.t.*) : défaire, mettre à bas, vaincre 推翻

canon (*n.m.*) : la loi, la règle, le critère, la norme 法规，正典

faramineux, se (*adj.*) : extraordinaire <俗>惊人的，出奇的，异乎寻常的

vraisemblance (*n.f.*) : ce qui ressemble au réel, qui reproduit la réalité 真实性，逼真性

█ 注释

1. 1789年7月14日，巴黎人民发动武装起义，攻克象征旧制度（l'Ancien Régime）的巴士底狱（la Bastille），这是法国大革命（la Révolution française）爆发的标志性事件。此处将现代主义艺术的诞生与席卷法国乃至欧洲的法国大革命相提并论，从而表现出前者的巨大影响。

2. 1874年4月至5月间，莫奈（参见注释3）、雷诺阿（Pierre-Auguste Renoir）、毕沙罗（参见注释6）、德加（Edgar Degas）、塞尚（Paul Cézanne）等一批年轻的先锋派艺术家在巴黎举办"不知名艺术家、画家、雕塑家和版画家协会"（la Société anonyme des artistes, peintres, sculpteurs et graveurs）展览，成为印象主义（l'impressionnisme）运动的里程碑事件。莫奈的《日出·印象》（*Impression, soleil levant*）也在此次展览中展出，"印象派"这一表达正是源于这幅画作的名称。

3. 克洛德·莫奈（Claude Monet，1840—1926）：法国印象派绘画代表人物，擅长以光影变化来表现朦胧效果，代表作品包括《印象·日出》（*Impression, soleil levant*）、《睡莲》（*Les Nymphéas*）等。

4. 葛饰北斋（Katsushika Hokusai，1760—1849）：日本江户时代著名的浮世绘（l'ukiyo-e）画家，其作品对欧洲的印象派等流派影

响深远。

5. 歌川广重（Utagawa Hiroshige, 1797—1858）：日本浮世绘大师，画风秀丽，擅长运用和谐的色彩，表现充满诗意的大自然。

6. 卡米耶·毕沙罗（Camille Pissaro, 1830—1903）：法国绘画大师，作品多以法国乡村风光为主题，曾指导过塞尚、高更（Paul Gauguin）等印象派画家，享有"印象派之父"的美誉。

课后练习

LIRE 精读

1. Quand a eu lieu la première exposition des impressionnistes ?
2. À quoi leur style de peinture s'opposait-il ?
3. Quelles sont les caractéristiques du style impressionniste ?
4. Comment le « soleil levant » fait-il allusion au Japon ?
5. Les œuvres impressionnistes ont-elles été immédiatement acceptées ?
6. De quelle manière l'impressionnisme renouvelle l'idée de l'art, le rôle de l'artiste ?

PARLER 讨论

1. Présentez un artiste, un tableau qui compte pour vous.
2. Selon vous, qu'est-ce qui est le plus important :
   - les formes ou les couleurs ?
   - Les lignes ou le mouvement ?
3. Comparez et commentez ces deux remarques :
   - « En art, l'exactitude est la déformation et la vérité est le mensonge » (Octave Mirbeau, Les écrivains, 1925—1926).
   - « L'art est fait pour troubler. La science rassure » (Georges Braque, Le jour et la nuit, 1917—1958).

RECHERCHER 探索

1. Les impressionnistes : les artistes, leurs œuvres.
2. Les écoles, les styles de peinture qui ont succédé à l'impressionnisme.

Le Monde 《世界报》

Même s'il n'est pas lu par une majorité des Français[1] (son tirage est d'environ 320 000 exemplaires par jour), le journal *Le Monde* est généralement considéré en France et à l'étranger comme le meilleur quotidien de la presse française pour la qualité et la richesse de ses informations. Le journal a été fondé à la Libération[2] en 1944 par le journaliste Hubert Beuve-Méry[3].

Le Monde possède certaines originalités qui le distinguent de ses concurrents : le journal est distribué en début d'après-midi et est daté du jour suivant ; il est soutenu par une « société de lecteurs », qui lui assure une indépendance financière[4] ; l'information fait une large part à la politique étrangère, à la situation internationale et à la diplomatie ; ses pages offrent enfin de nombreux analyses et commentaires sur les évènements, rédigés par des journalistes de talent.

Depuis quelques années, *Le Monde* contient de plus en plus de photographies illustrant ses articles, mais l'accent reste placé sur l'aspect textuel de l'information. Sur la « une » du quotidien figure souvent un dessin humoristique qui résume en quelques traits l'article principal de l'édition.

词汇

tirage (*n.m.*) : le nombre d'exemplaires imprimés d'une publication 发行量

quotidien (*n.m.*) : un journal publié chaque jour 日报

concurrent (*n.m.*) : un rival, un compétiteur 竞争者，对手

soutenu, e (*p.p.*) : aidé, assisté 受支持的

rédiger (*v.t.*) : écrire 撰写

placer l'accent : donner la priorité 重视

la une (*n.f.*) : la première page d'un journal（报纸的）头版

注释

1. 法国目前的总人口约为6700万，因而文中提到《世界报》并非"大多数法国人每天都阅读的报纸"（...n'est pas lu par une majorité des Français）。

2. 此处la Libération指第二次世界大战中盟军从德国占领军手中解放巴黎的战斗。这场战斗前后持续大约一周时间，自1944年8月19日起，至8月25日德国守军投降为止。

3. 于贝尔·伯夫–梅里（Hubert Beuve-Méry，1902—1989）：法国著名记者，《世界报》（*Le Monde*）的创始人，早年曾在维希政权创办的学校中从事教育工作，后转入国内的抵抗运动，支持戴高乐将军。1944年12月19日，在巴黎解放的数月后，《世界报》正式发行。

4. 办报之初，伯夫-梅里个人出资成立有限公司发行《世界报》。1951年，他决定将28%的股权出售给报社的编辑，从而将大家结成一个利益共同体。20世纪80年代，由于法国整体经济不景气，报纸发行量大幅下滑，《世界报》首次对外出售股权，设立"读者股份"，成立"《世界报》读者协会"（la Société de lecteurs du *Monde*）。《世界报》在出售股权的问题上尤为谨慎，因为保持财政独立性才能确保编辑大权不落入外人之手，这是保持新闻独立的关键。

LIRE 精读

1. De quand date le premier numéro du journal *Le Monde* ?
2. Combien d'exemplaires sont imprimés quotidiennement ?
3. À quel moment de la journée peut-on l'acheter ?
4. Comment l'autonomie budgétaire du *Monde* est garantie ?
5. Quel type d'information est prioritaire dans *Le Monde* ?
6. Que trouve-t-on en première page du *Monde* ?

PARLER 讨论

1. Présentez des grands quotidiens dans le monde, leurs qualités, leurs caractéristiques.
2. Décrivez les différents moyens de financement d'un journal.
3. Débattez les propositions suivantes :
   - L'indépendance de la presse n'est pas assurée partout dans le monde.
   - Avec la multiplication des sources et des moyens d'information, la presse quotidienne n'a pas d'avenir.

RECHERCHER 探索

1. Le profil des lecteurs du *Monde* ; les autres publications du *Monde*.
2. Les quotidiens nationaux en France, leurs caractéristiques, leur audience.
3. Le sens de l'expression : « Pas de nouvelles, bonnes nouvelles ! »

Le Monde

Petit Prince 小王子

Chaque adulte a été un enfant, remarque Antoine de Saint-Exupéry[①]. Mais alors, où est cet enfant ? A-t-il disparu définitivement ? Ou au contraire est-il toujours là, en soi, prêt à se manifester, à poser des questions essentielles, à s'interroger sur les comportements, les habitudes des « grandes personnes » ?

La parole de l'enfant fascine, car elle s'exprime en dehors des convenances, des conventions. Lorsque le pilote d'avion Saint-Exupéry rencontre ses personnages dans le désert, c'est peut-être avec lui-même qu'il parle, c'est peut-être sa voix intérieure qu'il écoute : « On ne voit bien qu'avec le cœur. L'essentiel est invisible pour les yeux », dit le renard[②].

Le Petit Prince, publié au milieu de la seconde guerre mondiale, traduit en 180 langues, reproduit à une centaine de millions d'exemplaires depuis 1943, est une parabole contre toutes les guerres, contre tous les conflits, contre tous les égoïsmes. Sous l'apparence d'un livre écrit pour les enfants, Saint-Exupéry s'adresse aux adultes, car les enfants ne causent pas les guerres, ils apprennent seulement à devenir de grandes personnes.

词汇

en soi : à l'intérieur d'une personne（人）本身

se manifester (*v.pr.*) : apparaître 表现，显露

comportement (*n.m.*) : les attitudes, les actions 行为

parole (*n.f.*) : ce qui est dit, exprimé par les mots 话语

convenances (*n.f.pl.*) : les bonnes manières 社会习俗，行为准则

conventions (*n.f.pl.*) : les lois, les obligations, les normes 常规，惯例

renard (*n.m.*) : un animal qui a la réputation d'être intelligent, rusé 狐狸

parabole (*n.f.*) : une façon de s'exprimer symboliquement 寓言；比喻

注释

1. 安托万·德·圣埃克絮佩里（Antoine de Saint-Exupéry，1900—1944）：法国著名作家、诗人、记者、飞行员，被法国人民视为为国捐躯的英雄。第二次世界大战爆发后加入抵抗运动，1944年7月在飞行返航途中失踪，直至2000年，他当年所驾驶的飞机的残骸才在马赛附近的海底被找到。《小王子》（*Le Petit Prince*）是圣埃克絮佩里创作的一部举世闻名的哲理小说。

2. "狐狸"（le Renard）是《小王子》中极为重要的人物，与一般文学作品中狡猾、奸诈的形象截然不同，这部作品中的"狐狸"是智者的化身，以循循善诱的方式引导主人公"小王子"懂得爱的真谛和爱的责任。

课后练习

LIRE 精读

1. Qui est l'auteur du *Petit Prince*, quel est son métier ?
2. En quelle année le livre a-t-il été publié ? Quelle était la situation dans le monde à cette époque ?

3. Dans quel endroit a lieu la conversation entre l'auteur et le Petit Prince ?
4. Qu'est-ce qui montre que *Le Petit Prince* est un succès d'édition ?
5. Quels sont les objectifs de l'auteur du *Petit Prince* ?
6. *Le Petit Prince* est-il un livre pour enfants ?

PARLER 讨论

1. Présentez des œuvres avec un enfant pour héros.
2. Commentez ce proverbe français : « La vérité sort toujours de la bouche des enfants ».
3. Comparez avec des proverbes ou expressions dans d'autres langues.
4. Réfléchissez sur le sens de cette phrase extraite du *Petit Prince* : « Tu es responsable pour toujours de ce que tu as apprivoisé ».

RECHERCHER 探索

1. Les sources d'inspiration du *Petit Prince*, des extraits célèbres du livre.
2. Les autres ouvrages de l'auteur du *Petit Prince*.

Prix Goncourt 龚古尔文学奖

Le prix Goncourt est le plus prestigieux des prix littéraires attribués en France. Il a été établi à la suite d'un don testamentaire de l'écrivain Edmond de Goncourt[1]. Le premier prix Goncourt a été décerné en 1903.

Ce prix récompense chaque année « le meilleur volume d'imagination en prose », autrement dit un roman. L'ouvrage doit être publié dans l'année et le prix ne peut pas être attribué plus d'une fois au même auteur. Les auteurs récompensés ne reçoivent qu'une somme minime (un chèque de 10 euros)[2] mais grâce à l'intense publicité que produisent les médias autour de l'évènement, certains « Goncourt » se vendent à des centaines de milliers d'exemplaires.

Le jury Goncourt comprend dix membres choisis par cooptation et nommés à vie, ils se réunissent une fois par mois dans un salon du restaurant Drouant à Paris[3] pour discuter des nouveautés en librairie et préparer leur sélection. Le lauréat du prix est annoncé au début du mois de novembre.

Des écrivains illustres figurent parmi les lauréats du Goncourt : Marcel Proust en 1919[4] ; André Malraux en 1933[5] ; Simone de Beauvoir en 1954[6] ; Marguerite Duras en 1984[7]. En 1951, Julien Gracq a refusé le prix, qu'il jugeait indigne de l'éthique littéraire[8].

词汇

don (*n.m.*) : une donation 捐赠，捐献

décerner (*v.t.*) : attribuer, accorder 颁发，授予

ouvrage (*n.m.*) : une œuvre, un livre 著作，作品

grâce à : à la suite de, à cause de (positivement) 归功于

cooptation (*n.f.*) : une procédure de sélection par les autres membres 自行遴选（由现有会员选举新会员）

lauréat (*n.m.*) : une personne qui reçoit une distinction, une récompense 获奖者，优胜者

indigne (*adj.*) : qui ne mérite pas d'attention, qui n'est pas respectable 不配的，无资格的

éthique (*n.f.*) : la morale, la déontologie, des principes 道德规范

注释

1. 埃德蒙·德·龚古尔（Edmond de Goncourt, 1822—1896）：法国19世纪著名的自然主义小说家，与他的弟弟、小说家儒勒·德·龚古尔（Jules de Goncourt）合作完成了《热曼妮·拉塞特》（*Germinie Lacerteux*）、《玛奈特·萨洛蒙》（*Manette Salomon*）等多部长篇小说。1870年，儒勒不幸去世，令埃德蒙悲恸不已。1892年，为纪念死去的弟弟，埃德蒙立下遗嘱，决定将死后的遗产作为基金（un don testamentaire），创立龚古尔学院（l'académie Goncourt），即后来的龚古尔文学奖评委会（le jury du prix Goncourt）。1903年12月21日，首届龚古尔文学奖正式颁发。

2. 龚古尔文学奖的奖金最初为5000法郎，后减少至50法郎，如今10欧元的奖金只是荣誉的象征，以一张支票的形式予以"支付"，获奖者大多不会去兑现支票，通常他们都会把这张"支票"收藏起来。

3. 德鲁昂饭店（le restaurant Drouant）坐落在巴黎市中心，1880年由夏尔·德鲁昂（Charles Drouant）创建。

4. 马塞尔·普鲁斯特（Marcel Proust, 1871—1922）：法国20世纪最具影响的作家之一，意识流文学的先驱，代表作为集多部长篇

小说而成的《追忆似水年华》（*À la recherche du temps perdu*）。1919年凭借作品《在如花的少女们身旁》（*À l'ombre des jeunes filles en fleurs*，即《追忆似水年华》第二册）获得当年的龚古尔文学奖。

5. 安德烈·马尔罗（André Malraux，1901—1976）：法国著名作家和政治家，"二战"中积极参加戴高乐将军领导的抵抗运动，战后曾担任戴高乐政府的文化部长。1933年凭借作品《人类的境遇》（*La Condition humaine*）获得当年的龚古尔文学奖。

6. 西蒙娜·德·波伏瓦（Simone de Beauvoir，1908－1986）：法国当代著名哲学家、小说家，1954年凭借小说《名士风流》（*Les Mandarins*）获得当年的龚古尔文学奖。关于"西蒙娜·德·波伏瓦"的更多信息，请参见本书p.191。

7. 玛格丽特·杜拉斯（Marguerite Duras，1914—1996）：法国20世纪重要作家和电影艺术家，写作手法多变，风格标新立异，对20世纪下半叶的小说、戏剧和电影等多个艺术领域产生影响。1984年凭借作品《情人》（*L'Amant*）获得当年的龚古尔文学奖。

8. 朱利安·格拉克（Julien Gracq，1910—2007）：法国当代著名小说家和文学评论家，深受超现实主义的影响，1937年以其第一部作品《阿尔戈古堡》（*Au château d'Argol*）一举成名。1951年，他的小说《沙岸风云》（*Le Rivage des Syrtes*）获得当年的龚古尔文学奖。但是，格拉克本人之前多次撰文对当时文学界存在的商业侵蚀、金钱交易等现象加以抨击，故拒绝了这项法国文学界的最高荣誉，这是第一位拒绝龚古尔文学奖的获奖者。

课后练习

LIRE 精读

1. Le prix Goncourt date de quelle époque ?
2. Quel est son objectif ?
3. Le prix est décerné à quelle fréquence et à quel moment de l'année ?
4. Quels sont les critères d'attribution du prix ?
5. Qui décide de l'attribution du prix et de quelle manière ?
6. Un lauréat du Goncourt perçoit-il beaucoup d'argent ?
7. Qu'est-ce qui montre que ce prix a beaucoup de prestige ?

PARLER 讨论

1. Présentez des prix littéraires prestigieux dans le monde.
2. Dites pour quelles raisons un prix littéraire est important pour un auteur.
3. Débattez les propositions suivantes :
   - Les prix littéraires sont surtout une opération commerciale.
   - En achetant un livre récompensé, on est sûr d'avoir un bon livre.

RECHERCHER 探索

1. Le lauréat du dernier prix Goncourt et le titre du roman.
2. D'autres prix littéraires en France, le type d'ouvrages qu'ils récompensent.
3. Le sens de l'expression : « Raconter des histoires ».

Sempé[1]

桑贝

Les dessins de Jean-Jacques Sempé semblent être là depuis toujours, leur présence depuis un demi-siècle dans les journaux et les magazines a quelque chose d'éternel. Ce sont des dessins qui capturent avec un humour délicat l'essence de moments ordinaires, qui fixent les instants de vie de gens simples, découvrant leurs petits problèmes, signalant leurs petites bêtises.

Le personnage le plus connu de Sempé est le petit Nicolas[2] qui raconte : « Le soir, le docteur est venu mettre sa tête sur ma poitrine, je lui ai tiré la langue, il m'a donné une petite tape sur la joue et il m'a dit que j'étais guéri et que je pouvais me lever. » L'humour de Sempé se résume dans cette proposition : l'humain se prend au sérieux mais avec un peu de distance, ses actions paraissent dérisoires.

Sempé est le plus célèbre des dessinateurs français, ses couvertures pour le *New Yorker*[3] et pour des magazines du monde entier lui ont assuré une renommée internationale. Ses dessins transmettent une image prévisible de la France, de ses habitants, et de Paris en particulier.

On reproche parfois à Sempé une certaine immobilité : ses personnages, les décors ont l'air figés dans une atmosphère des années soixante ; on y voit rarement de téléphones portables, les automobiles ont des formes arrondies et ressemblent à des jouets d'enfants... Dans une interview pour le journal *The Independent*[4] en 2006, Sempé confessait qu'il trouvait le monde d'aujourd'hui plus complexe et moins intéressant à dessiner.

词汇

bêtise (*n.f.*) : une gaffe, une action bête, idiote 愚笨（指说话或行为）

dérisoire (*adj.*) : de peu d'importance 微不足道的

renommée (*n.f.*) : une célébrité 名声，名望

prévisible (*adj.*) : attendu, stéréotypé, coutumier 可预见的

figé, e (*adj.*) : qui ne bouge pas, n'évolue pas, qui est immobile 固定的，不变的

confesser (*v.t.*) : dire avec sincérité, confier un sentiment 坦白

注释

1. 让-雅克·桑贝（Jean-Jacques Sempé，1932— ）：法国当代著名幽默漫画家，不到20岁便开始漫画创作，其作品多取材于人们的日常生活，展现千姿百态的法国普通人。

2. "小尼古拉"（le petit Nicolas）是桑贝与勒内·戈西尼（René Goscinny）合作创作的漫画主人公，该漫画系列诙谐幽默，略带讽刺，又充满温情的笔调，描绘了一个八九岁的淘气男孩在学校和家庭生活中的点点滴滴。

3. 《纽约客》（*The New Yorker*）：美国综合类文化周刊，1925年创刊，既有时事新闻报道，也有对文学、艺术等领域各类思潮的深度评论。1978年，桑贝第一次为《纽约客》绘制封面插图，此后30余年间共为该杂志创作了100多幅封面图。2009年，法国一家出版社将他为《纽约客》创作的封面图整理后，以*Sempé à New York*（《桑贝在纽约》）为书名出版。

5. 《独立报》（*The Independent*）：英国发行量最大的全国性报纸之一，1986年开始发行，政治立场比较中立。

课后练习

LIRE 精读

1. Quel est le métier de Jean-Jacques Sempé ?
2. Depuis quand publie-t-il ses dessins ?
3. Comment peut-on expliquer l'humour de Sempé ?
4. Pourquoi Sempé est-il célèbre hors de France ?
5. Quelles critiques adresse-t-on généralement à Sempé ?
6. Comment répond-il à ces critiques ?

PARLER 讨论

1. Présentez des dessinateurs humoristiques, leur style, le type de personnages qu'ils mettent en scène.
2. Racontez une histoire drôle.
3. Commentez les propositions suivantes :
   - Un dessin humoristique dit plus qu'un long texte.
   - L'humour n'est pas toujours compréhensible d'une culture à l'autre.

RECHERCHER 探索

1. Des titres d'albums de dessins de Sempé.
2. Le sens de l'expression : « Je ne vais pas vous faire un dessin ».

Tintin

JT

Hergé[1], le créateur de *Tintin*, est belge et francophone ; les histoires captivantes de son jeune héros, toujours accompagné de son chien Milou[2], ont passionné des générations d'enfants depuis les années trente.

La clarté et la simplicité des dessins, les lieux mystérieux sur tous les continents où se passent ses aventures, l'humour des personnages – le capitaine Haddock, le professeur Tournesol, les inspecteurs de police Dupont et Dupond[3] –, tous ces ingrédients ont contribué au succès extraordinaire de la série de vingt-quatre albums, traduite dans des dizaines de langues et vendue à des centaines de millions d'exemplaires.

Tintin, héros parfois naïf mais toujours intrépide, a toujours eu la capacité de faire rêver : plus de quinze ans avant que l'américain Neil Armstrong pose son pied sur la lune, le jeune reporter et ses amis y avaient déjà emmené leurs lecteurs dans une fusée conçue par le professeur Tournesol[4].

词汇

captivant, e (*adj.*) : passionnant 具有吸引力的，有魅力的

passionner (*v.t.*) : fasciner, intéresser vivement 使感兴趣

clarté (*n.f.*) : la netteté, la précision 清楚，明晰

dessin (*n.m.*) : une image, une représentation au crayon et en couleurs 画

lieu (*n.m.*) : un endroit, un pays, une région 地点

intrépide (*adj.*) : audacieux, qui prend des risques 无畏的，勇敢的

emmener (*v.t.*) : prendre avec soi, accompagner 带领

fusée (*n.f.*) : un vaisseau, un véhicule spatial 火箭

注释

1. 埃尔热（Hergé，1907—1983）：比利时著名漫画家，"丁丁"（Tintin）这一经典漫画形象的创造者。丁丁的身份设定为记者，这可能与埃尔热早年当过记者有一定关联。漫画中的丁丁其实是一位从来不写任何新闻报导的记者，他更像是一名勇敢的侦探，到处与罪恶作斗争，这或许是作者内心理想的再现。

2. 米卢（Milou）：丁丁的爱犬，十分勇敢，对主人无比忠诚。有些中文版的漫画将这条小狗的名字翻译为"白雪"。

3. 阿道克船长（le capitaine Haddock）是《丁丁历险记》中的主要人物之一，脾气暴躁，但心地善良。向日葵教授（le professeur Tournesol）是一位外表木讷，举止古怪，却总有一些奇思妙想的天体学和物理学教授，也是丁丁"团队"的重要成员。杜邦和杜庞侦探（les inspecteurs de police Dupont et Dupond）是一对孪生兄弟警察，在办案中经常把丁丁误认为罪犯而加以追捕，得知真相后会立即协助丁丁完成任务。

4. 尼尔·阿姆斯特朗（Neil Armstrong，1930—2012）是美国著名飞行员和宇航员，1969年7月21日他成为踏上月球的第一人。在此登月壮举发生的15年前，即1954年，《丁丁历险记之月球漫步》（*On a marché sur la Lune*）出版，该书还收编了在此前一年出版

的《丁丁历险记之飞向月球》（*Objectif Lune*，国内一般译为《月球探险》）。

课后练习

LIRE 精读

1. Qui est l'inventeur de Tintin ?
2. À quelle époque ont paru les premières aventures de Tintin ?
3. Quelle est la profession de Tintin ?
4. Quel est son caractère, sa personnalité ?
5. Qui sont les compagnons de Tintin ?
6. Qu'est-ce qui montre que Tintin est un personnage très célèbre ?
7. Qu'est-ce qui explique le succès de ses aventures ?

PARLER 讨论

1. Présentez des personnages de bande dessinée célèbres dans le monde.
2. Présentez votre bande dessinée préférée.
3. Selon vous, la bande dessinée est-elle un art réservé aux enfants ?

RECHERCHER 探索

1. Les titres des aventures de Tintin. Dans quel album est-il sur la lune ? En Chine ?
2. Les « jurons » du capitaine Haddock, les « inventions » du professeur Tournesol.
3. Certaines controverses autour des aventures de Tintin.

Boris Vian[①]

鲍里斯·维昂

Comme les comètes qui ne laissent qu'une brève lumière dans la nuit, Boris Vian, génie fugace, continue d'intriguer plus de 50 ans après sa disparition, en 1959. Ingénieur, romancier, poète, musicien, auteur-compositeur de chansons et de comédies musicales, acteur, journaliste, traducteur, conférencier et chroniqueur, Vian avait de multiples talents. Malheureusement, victime d'une crise cardiaque à l'âge de 39 ans, la vie ne lui a pas donné le temps de vieillir.

Le nom de Boris Vian est lié au quartier Saint-Germain-des-Prés[②], sur la Rive Gauche à Paris. Au lendemain de la Libération, la jeunesse célébrait sa liberté retrouvée dans les clubs de jazz, les cafés. Boris Vian jouait de la trompette au Tabou[③], discutait avec Jean-Paul Sartre au Café de Flore, partageait son temps entre musique et littérature, chansons et poésie. Au moment où la France est engagée dans une guerre coloniale en Indochine, Vian chante *Le Déserteur*[④], une chanson qui deviendra le manifeste des pacifistes du monde entier.

Mais Vian est aussi l'auteur d'étonnants romans : *L'Écume des jours*[⑤] (1946), *L'Automne à Pékin*[⑥] (1947), *L'Arrache-cœur*[⑦] (1953). Ignorés par le public lors de leur publication, c'est seulement vers la fin des années soixante qu'ils ont trouvé l'audience et le succès qu'ils connaissent aujourd'hui. Des générations de lycéens ont grandi à la lecture du style incomparable de Vian, où les objets parlent et s'animent dans un monde onirique et drôle, fragile toutefois, comme le cœur toujours jeune et rebelle de l'auteur.

词汇

fugace (*adj.*) : qui ne dure pas longtemps, qui disparaît vite 短暂的，转瞬即逝的

crise cardiaque (*n.f.*) : une maladie du cœur 心脏病

partager (*v.t.*) : diviser, distribuer 分配，分享

déserteur (*n.m.*) : un soldat qui abandonne illégalement l'armée 逃兵

lycéen, ne (*n.*) : un étudiant au lycée, élève du secondaire 高中生

onirique (*adj.*) : qui est du domaine du rêve, de l'imaginaire 梦的，梦想的

注释

1. 鲍里斯·维昂（Boris Vian, 1920—1959）：法国20世纪著名作家、表演家、词曲作家、诗人、音乐评论家，是一位集多种才华于一身的天才艺术家。

2. 圣日尔曼德佩（Saint-Germain-des-Prés）：位于巴黎中心的第6区，因此处的圣日尔曼德佩教堂（l'église Saint-Germain-des-Prés）而得名。该地区拥有许多著名的咖啡馆，如"双瓷人"（Les Deux Magots）、"花神"（Café de Flore）等。"二战"前后，许多文学家、艺术家在此聚会、写作，从而使这里渐渐成为巴黎著名的文化区。

3. "禁忌"俱乐部（Le Tabou）：位于圣日尔曼德佩地区的一家爵士乐和舞蹈俱乐部酒吧，1947年开业，是许多年轻的先锋派音乐家聚会的场所。

4. 《逃兵》（Le Déserteur）：维昂于1954年创作的一首反战歌曲，此时法国军队刚在奠边府战役中遭到惨败，越南人民的独立战争即将胜利。艺术家通过歌声表达反对殖民战争、呼吁和平的立场。

5. 《岁月的泡沫》（*L'Écume des jours*）：维昂发表于1947年的一部小说，风格荒诞，讲述了一个感人肺腑却结局悲惨的爱情故事。

6. 《北京之秋》（*L'Automne à Pékin*）：维昂发表于1947年的一部小说，对现代资本主义国家中僵化的社会、封闭的政治、墨守成规的教育、机械的思想进行了强烈的谴责。标题本身就体现出一种荒诞文学的味道：小说情节与北京或者秋天毫无关联。

7. 《摘心器》（*L'Arrache-cœur*）：维昂发表于1953年的一部小说，作品融诗意、幻想、激情和荒谬于一体。小说对精神分析学进行了系统地贬低，对其毫无实质的效果给予无情地嘲讽和尖锐的批评。

课后练习

LIRE 精读

1. Pourquoi peut-on comparer Boris Vian à une comète ?
2. Qu'est-ce qui montre que Boris Vian avait de nombreux talents ?
3. Qu'est-ce qui a contribué à la célébrité du quartier de Saint-Germain-des-Prés ?
4. De quel instrument de musique jouait Vian ?
5. Avec quel philosophe français était-il ami ?
6. Vian a composé une chanson contre la guerre, laquelle ?
7. À partir de quand les romans de Boris Vian ont-ils commencé à être appréciés ?
8. Comment peut-on caractériser l'atmosphère de ses livres ?

PARLER 讨论

1. Nommez, présentez des artistes qui ont disparu très jeunes.
2. Commentez cette remarque de Boris Vian : « Un général sans soldat est-il dangereux ? » (*Textes et chansons*, 1966).

RECHERCHER 探索

1. Le pseudonyme sous lequel Vian a écrit un certain nombre de « romans noirs » ; les titres de ces romans.
2. Des chansons célèbres de Boris Vian.
3. Les circonstances de la mort de Boris Vian.

POUR FAIRE LE POINT 单元小结

De quelles icônes s'agit-il ? 猜一猜

1. Si vous gagnez ce prix, vous êtes assuré(e) que votre roman se vendra bien.

2. Il est probable que vous marcherez un jour sur une avenue qui porte le nom de cet auteur du 19e siècle.

3. Ils ont imposé un style par lequel l'artiste peut exprimer ses impressions en toute liberté.

4. Ce jeune journaliste s'est promené sur la lune avant tout le monde.

5. Dans ses dessins, l'humain est tout petit et paraît contingent.

6. C'est un moyen de vérifier si vous écrivez correctement et si vous connaissez les règles.

7. Ces faux personnages se moquent de tout le monde dans leur journal télévisé.

8. Elle a fait avancer la cause des femmes en montrant qu'elles subissent toutes sortes de discriminations.

9. Le meilleur film y gagne chaque année une Palme d'or.

10. Elle habite Montmartre et elle voudrait faire le bonheur de tout le monde.

11. C'est le quotidien en France le plus international.

参考答案在本书 p. 286

Vie quotidienne
日常生活

Accordéon

手风琴

C'est l'instrument qui met la France en musique, il accompagne les images du Paris des touristes, des rues de Montmartre, des quartiers pittoresques ; il donne une touche de romance et de sentiment aux films qui désirent retrouver la trace d'une France traditionnelle, pittoresque.

L'accordéon a eu son heure de gloire dans les années trente et quarante[1] : au cœur de la musique populaire du moment, il évoque le style « bal-musette », les fêtes en famille, les cabarets dansants, les guinguettes du bord de la Marne[2], comme celle de *La Grenouillère*[3], où Renoir[4] et Monet[5] venaient chercher l'inspiration.

Ignoré ou méprisé par les jeunes générations, on entendait l'accordéon dans les bals du 14 Juillet ou à l'occasion d'un mariage, lorsqu'un oncle amateur sortait l'instrument de sa boîte. Le souffle généreux et coloré de l'instrument poussait alors sa chanson nostalgique, le temps d'une soirée.

Mais si le bal-musette est aujourd'hui démodé, l'accordéon n'a pas terminé sa carrière. Il revient pour s'insérer dans des orchestres de musiques traditionnelles, chez des artistes de la chanson française ou encore dans des groupes de musique contemporaine et de jazz. Populaire, classique ou d'avant-garde, l'accordéon étonne toujours.

词汇

pittoresque (*adj.*) : charmant, typique, qui ressemble à une carte postale 风景如画的

bal-musette (*n.m.*) : un bal populaire d'origine auvergnate（有手风琴伴奏的）乡村舞会

guinguette (*n.f.*) : un café-restaurant où on peut danser（乡村或郊区可供跳舞的）咖啡馆或小酒馆

méprisé, e (*p.p.*) : dédaigné, peu aimé, mal considéré 受到蔑视的，被看不起的

souffle (*n.m.*) : le vent, la respiration, un mouvement d'air 一阵风；气流

nostalgique (*adj.*) : mélancolique, qui évoque le temps passé 怀旧的

étonner (*v.t.*) : surprendre 使惊讶，使惊奇

注释

1. 20世纪30年代，法国的小酒馆或乡间舞会（le bal-musette）中流行用手风琴伴奏跳华尔兹舞，这逐步成为一种时尚，一直延续到"二战"结束。

2. 马恩河（la Marne）：法国北部河流，塞纳河的主要支流之一。

3. "蛙塘"饭店（La Grenouillère）：塞纳河上一家著名的小酒馆（la guinguette），位于巴黎以西约20公里的一座同名小岛上（l'île de la Grenouillère），因其秀美恬静的自然风光，成为巴黎民众休闲娱乐的"圣地"。1998年，饭店原址被改造为一座博物馆，以此纪念当年的美好时光。*La Grenouillère* 与 *Bain à la Grenouillère* 是1869年雷诺阿（参见注释4）与莫奈（参见注释5）以该景致创作的两幅印象派经典作品。关于"印象派"的更多信息，请参见本书p.211。

4. 雷诺阿（Pierre-Auguste Renoir, 1841—1919）：法国印象派画家，擅长创作色彩明亮的油画，他的作品将传统的绘画技法与印象主义的新画风完美结合，充满诗情画意。

5. 莫奈（Claude Monet, 1840—1926）：法国印象派绘画大师，作

品中光与影的运用尤为独特，既没有明显的阴影，也看不到突兀或平铺的轮廓，从而呈现"印象"之美。

课后练习

LIRE 精读

1. À quelle France pense-t-on lorsqu'on entend l'accordéon ?
2. À quelle époque a-t-il été un instrument très à la mode ?
3. À quels lieux, à quels évènements est-il associé ?
4. Comment l'accordéon est-il perçu chez les jeunes ?
5. Où peut-on entendre l'accordéon aujourd'hui ?

PARLER 讨论

1. Citez des instruments de musique traditionnels et les pays ou régions auxquels ils sont généralement associés.
2. Présentez des styles de musique et nommez les instruments qui sont utilisés.
3. Présentez votre instrument préféré et expliquez pourquoi vous l'aimez.

RECHERCHER 探索

1. L'origine de l'accordéon, la catégorie d'instruments de musique à laquelle il appartient.
2. L'origine du mot bal-musette, des détails sur les guinguettes du bord de la Marne.
3. Le sens des expressions : « Un musicien du dimanche » et « Je connais la musique ! »

Baguette et béret

长棍面包与贝雷帽

Comme les deux faces d'une pièce de monnaie qui se complètent pour constituer une valeur, la baguette et le béret se sont associés pour représenter la France et les Français au reste du monde.

On va chercher la baguette de pain fraîche et croustillante chez le boulanger le matin ; on la met sous le bras, si les mains sont déjà occupées à tenir quelque chose. Casser une baguette en deux pour la mettre dans un sac est déconseillé, c'est à table qu'elle est coupée – ou « rompue »[1] – en petits morceaux qui sont placés dans la corbeille à pain.

Le béret, celui de l'artiste-peintre, du monsieur âgé, de l'écolier ou du militaire, est beaucoup moins formel que le chapeau, et vraiment plus pratique : on le plie en deux ou en quatre, puis on le met dans la poche.

Ce béret vient du Béarn[2], aux pieds des Pyrénées, les bergers le portaient pour se protéger de la pluie, du vent, de la chaleur et du froid. On n'en voit plus beaucoup aujourd'hui, sauf sur la tête de vieux paysans, de joueurs de pétanque ou dans les fêtes basques[3], mais il continue à donner la touche finale au portrait universel du Français[4].

词汇

croustillant, e (*adj.*) : qui craque sous la dent 松脆的

mettre (*v.t.*) : placer 放，搁

déconseillé, e (*adj.*) : qui n'est pas recommandé 不被推荐的

rompre (*v.t.*) : casser, séparer 折断，掰

berger, ère (*n.*) : une personne qui garde les moutons 牧羊人

注释

1. 法语中couper指"用刀切、割"，rompre（过去分词rompu）则是"用手掰断、折断"。

2. 贝阿恩（le Béarn）：法国西南部旧省名，位于比利牛斯山脉西北段。

3. 巴斯克节日（les fêtes basques）指居住在比利牛斯山区的少数民族巴斯克人（les Basques）的传统节日。

4. 身穿海魂衫、头戴贝雷帽、胳膊下夹着长棍面包，这是很多外人眼中的法国男人典型形象（le portrait universel）。但随着时代的发展，现今的法国街头已经很少见到这种装扮了。

课后练习

LIRE 精读

1. Quels adjectifs qualifient le mieux une bonne baguette au petit déjeuner ?
2. Où met-on la baguette lorsqu'on n'a pas les mains libres ?
3. Qu'est-ce qu'il ne faut jamais faire avec une baguette ?
4. Traditionnellement, qui porte des bérets en France ?
5. Le béret est originaire de quelle région ?
6. À quoi servait-il ?

PARLER 讨论

1. Décrivez comment sont représentés les Allemands, les Italiens, les Américains, les Chinois... Présentez des objets, des

vêtements associés aux nationalités.

2. Citez différents types de chapeaux, de coiffures qu'on porte sur la tête.

3. Commentez ce proverbe français : « Le pain nous vient lorsqu'on n'a plus de dents ».

RECHERCHER 探索

1. Les types de pain qu'on trouve dans les boulangeries en France.
2. Le sens de l'expression : « Avoir du pain sur la planche ».
3. Le sens et la composition du mot « couvre-chef ».

A2

Bricolage

修修补补

Le bricolage consiste à faire soi-même des travaux qui sont généralement le domaine de spécialistes : construire des étagères, repeindre des murs, réparer une installation électrique défaillante, une plomberie défectueuse. À chaque tâche accomplie, le bricoleur ressent une fierté légitime : il a prouvé son autonomie, sa capacité d'entreprise et il a économisé une bonne somme d'argent[①].

Le bricoleur est aussi un inventeur, il pense en permanence à des solutions, il veut améliorer, innover, il réserve ses week-ends à des expériences qu'il a mûries pendant la semaine. Le dimanche matin, à l'heure où tout le monde se repose, le bricoleur prend son marteau et ses clous, scie des planches, fait tourner sa perceuse. Dans sa solitude concentrée, il part à la réalisation de son projet.

Le bricoleur a ses magazines spécialisés, ses supermarchés, ses émissions de télévision, ses clubs[②]. C'est aussi un collectionneur, il possède les meilleurs outils (beaucoup sont hérités de son père et de son grand-père), il les entretient méticuleusement dans son atelier (une partie du garage ou d'une remise).

Le bricoleur et la bricoleuse – car beaucoup sont des femmes – personnifient ainsi un certain individualisme, le succès d'une éthique : compter seulement sur soi-même.

241

défaillant, e (*adj.*) : qui ne fonctionne pas（家具、设施）损坏的

plomberie (*n.f.*) : les conduites d'eau, les canalisations 铅管管道

fierté (*n.f.*) : l'orgueil, l'autosatisfaction 骄傲，自豪

mûrir (*v.i.*) : préparer, méditer, réfléchir 反复酝酿

scier (*v.t.*) : couper (du bois, de l'acier) 锯开

outil (*n.m.*) : un instrument de travail 工具

personnifier (*v.t.*) : représenter, symboliser 象征，体现

éthique (*n.f.*) : philosophie, morale 道德规范，行为准则

注释

1. 在法国，室内装饰、家具修理、园艺清洁等"杂活"的人工费用非常高，这也是"修修补补"流行的重要原因之一。
2. 在法国，有许多杂志、商店和电视节目与"修修补补"有关，例如*Système D*杂志、Bricomarché商场、TF1频道播出的La Maison节目等。

课后练习

LIRE 精读

1. Bricoler, qu'est-ce que c'est ?
2. Pourquoi peut-on dire que le bricoleur est un multi-spécialiste ?
3. Pour quelles raisons devient-on un bricoleur ?
4. Quand le bricoleur se met-il au travail ?
5. Quels sont les éléments qui forment l'univers du bricoleur ?
6. Quelle est la philosophie du bricoleur ?

PARLER 讨论

1. Décrivez les qualités nécessaires pour être un bon bricoleur, une bonne bricoleuse.
2. À votre avis, dans quels cas est-il préférable de réparer ? Dans

quelles circonstances vaut-il mieux remplacer ?
3. Expliquez comment construire des étagères.

RECHERCHER 探索

1. Les types de bricolage, les outils, le matériel.
2. Le sens de la locution : « Système D ».
3. Le sens de l'expression : « Oh, c'est juste une bricole ! »

B1

Carotte
烟店招牌

Ce losange rouge est l'une des enseignes les plus familières des villes de France. La « carotte » annonce un « bureau » de tabac[①], qui est en fait souvent un café et, parfois, un marchand de journaux. Pourquoi une carotte ? Tout simplement parce qu'un morceau de carotte placé dans un paquet de tabac aide à conserver sa fraîcheur[②].

Le jour comme la nuit, cette enseigne est associée à un sentiment de délivrance pour les fumeurs en manque de cigarettes, qui pourront enfin acheter leur prochain paquet. Le commerce des cigarettes est sévèrement réglementé en France, il n'existe pas de distributeurs automatiques et vendre du tabac nécessite une autorisation officielle[③].

Les bureaux de tabac ne vendent pas que des cigarettes. On y trouve aussi des bonbons, des timbres-poste, des cartes postales, des journaux et des magazines. Tout en buvant un café, on peut également tenter sa chance en jouant au Loto, ou parier sur des chevaux au Tiercé[④].

Avec les lois qui interdisent de fumer dans tous les endroits publics, avec la prohibition systématique de la publicité pour les cigarettes et les multiples campagnes de sensibilisation aux dangers du tabac, cette fameuse icône pourrait un jour disparaître des rues de France.

词汇

enseigne (*n.f.*) : un signe ou un panneau devant un magasin, une boutique 招牌

conserver (*v.t.*) : maintenir, garder 保持，保留

délivrance (*n.f.*) : une libération 释放，解救

en manque de : avoir besoin de quelque chose 缺乏

tenter (*v.t.*) : essayer 试图，尝试

parier (*v.t.*) : placer de l'argent dans un jeu 打赌

注释

1. 自1906年起，法国政府规定，所有烟草制品销售点必须悬挂"胡萝卜"（carotte）招牌。

2. 对于为什么要用carotte（胡萝卜）来代表"烟店"这个问题，在法国流传最广的一种解释就是胡萝卜片可以保持烟草的新鲜度。但这一说法并没有十分确凿的科学依据。另一种说法是：17世纪香烟刚在欧洲流行时，人们会将片状的原料烟草卷成小捆扎起来，外形酷似"胡萝卜"，这很可能是carotte成为烟行招牌的真正原因。

3. 长期以来，法国政府通过立法对烟草业实行严格的管控，烟草制品的批发、销售和进出口流通环节都必须有政府许可（une autorisation officielle）。

4. le Loto指"乐透彩票"，le Tiercé指一种以"前三独赢"作为规则的赛马博彩，这两种博彩游戏在法国颇受欢迎。关于"乐透彩票"和"赛马博彩"的更多信息，请参见本书p.265。

课后练习

LIRE 精读

1. Qu'est-ce que représente la « carotte » ?
2. Quelle est l'origine de cette enseigne ?
3. Qu'est-ce qu'un fumeur ressent quand il n'a plus de cigarettes ?
4. Pourquoi ne trouve-t-on des cigarettes que dans des bureaux

de tabac ?
5. À part des cigarettes, que peut-on acheter dans un bureau de tabac ?
6. Peut-on fumer partout en France ?

PARLER 讨论

1. Décrivez les législations concernant la vente et la consommation de tabac dans le monde.
2. Selon vous, faut-il totalement interdire la vente du tabac ?

RECHERCHER 探索

1. Les types de dangers auxquels les fumeurs s'exposent.
2. Le sens des expressions : « Les carottes sont cuites » et « La carotte et le bâton ».

Chiens et chats 狗和猫

En France, on aime les animaux de compagnie, on en compte pratiquement un pour chaque habitant, soit 60 millions. Ce sont les chats et les chiens qui sont les plus nombreux, avec respectivement 10 et 9 millions de félins et de canins. Une famille sur deux en France possède un chat ou un chien.

Ce qui motive les propriétaires ? Échapper à la solitude, pouvoir s'occuper d'un être aimé. Célibataire, en couple sans enfant ou en famille, il est difficile de résister au charme de ces animaux attachants et fidèles, qui ne parlent pas mais dont le regard et les gestes expriment souvent autant que des mots[1].

Cette prolifération d'animaux domestiques a favorisé l'émergence d'un commerce en pleine expansion. Il s'agit bien sûr de la nourriture (environ 70% du budget d'un propriétaire), mais aussi de toutes sortes de services : santé, toilettage, assurance, accessoires, habillement, produits de soins, hôtels et maisons de santé[2].

Les animaux domestiques sont traités comme des humains : on crée pour eux des lignes de parfums, des dentifrices, des colorants pour le museau, des déodorants... Les chiens et les chats ont depuis longtemps leurs cimetières, mais ils ont aussi maintenant leurs agences matrimoniales et certains vétérinaires se spécialisent en psychologie animale pour aider les propriétaires à mieux comprendre leurs compagnons.

词汇

félin (*n.m.*) : qui se rapporte aux chats 猫科动物

canin (*n.m.*) : qui se rapporte aux chiens 犬科动物

fidèle (*adj.*) : qui ne change pas, dont l'amitié est constante 忠诚的

nourriture (*n.f.*) : l'alimentation 食物

museau (*n.m.*) : le nez (animaux) （动物的）口鼻部

matrimonial, e (*adj.*) : qui a rapport au mariage 婚姻的

注释

1. 法国属于典型的西方社会，共同居住的大家庭极为少见，"丁克"家庭、单亲家庭、独居老人的情况十分普遍，人们渴望找到温暖的陪伴，这是法国宠物数量众多的原因之一。

2. 法国人饲养宠物的喜好使宠物业不断发展（une commerce en pleine expansion）。据不完全统计，法国人每年为他们的宠物投入超过45亿欧元，由此创造的直接就业岗位超过2万个。

课后练习

LIRE 精读

1. Combien y a-t-il d'animaux domestiques en France ?
2. Quelle est la proportion de foyers qui ont un chat ou un chien ?
3. Pourquoi possède-t-on un animal domestique ?
4. Quels produits et services sont disponibles pour les animaux domestiques ?
5. Quelles sortes de médecins pour animaux existent également ?

PARLER 讨论

1. Citez différents types d'animaux domestiques.
2. Décrivez les avantages et les inconvénients de posséder un animal domestique.
3. Débattez les propositions suivantes :
   - Les chats sont indépendants et très discrets.

- Les chiens sont fidèles et intelligents.

RECHERCHER 探索
1. L'organisation en France qui s'occupe des animaux abandonnés.
2. Le sens des expressions : « Il fait un temps de chien » et « Appeler un chat un chat ».
3. Des expressions de la langue ou des proverbes basés sur des animaux.

Concierge 看门人

Derrière le rideau de la porte de sa loge du rez-de-chaussée[1], elle surveille les entrées et les sorties des locataires. Elle distribue le courrier, qu'elle place sous les portes, elle nettoie les couloirs et les escaliers et elle sait tout ce qui se passe dans l'immeuble.

Elle rend des petits services, garde les enfants au retour de l'école, arrose les plantes pendant les vacances. On lui emprunte du sel si on n'en a plus. Elle reçoit des étrennes au jour de l'an[2] ou des chocolats à Noël ; on s'assure de maintenir de bonnes relations avec elle.

Le métier de concierge disparaît peu à peu, son rôle devient inutile avec les fermetures à code électronique aux entrées des immeubles et les entreprises de service à domicile. La concierge reste cependant un personnage important de la vie quotidienne en France, elle apparaît souvent dans les romans, dans les films, comme dans *Le Fabuleux destin d'Amélie Poulain*[3].

250

词汇

loge (*n.f.*) : un appartement （看门人居住的）门房间

locataire (*n.*) : qui habite un immeuble, un appartement 租客

courrier (*n.m.*) : les lettres 邮件，信件

arroser (*v.t.*) : verser de l'eau aux plantes 浇灌

emprunter (*v.t.*) : prendre quelque chose à quelqu'un 借入，借用

étrennes (*n.f.pl.*) : une petite somme d'argent 年终赏钱

注释

1. 法语中一般用序数词（premier, deuxième, troisième ... ）与étage（楼层）搭配，表示楼层数，但"一楼"（即"底楼"）用le rez-de-chaussée表示，"二楼"则为le premier étage，"三楼"为le deuxième étage，以此类推。

2. jour de l'an指公历新年，即元旦（le Nouvel An），这一天在法国属于法定节日。

3. 法国影片《天使爱美丽》（*Le Fabuleux destin d'Amélie Poulain*）中的"看门人"（la concierge）是一个整日沉浸在丧夫之痛中的寡妇形象。关于"天使爱美丽"的更多信息，请参见本书p.181。

课后练习

LIRE 精读

1. Quel est le rôle de la concierge ?
2. Pourquoi est-elle au courant de tout dans l'immeuble ?
3. Que peut-on lui demander ?
4. Qu'est-ce qu'on lui donne à la fin de l'année ?
5. Pour quelles raisons y a-t-il moins de concierges aujourd'hui ?

PARLER 讨论

1. À votre avis, le métier de concierge est-il utile ? Pour quelles raisons ?

2. Décrivez différents moyens d'assurer la surveillance, la sécurité des immeubles.
3. Connaissez-vous des métiers qui vont disparaître ?

RECHERCHER 探索

1. L'origine du mot « concierge », le rôle du concierge dans les hôtels.
2. Le sens de l'expression : « Bavarde comme une concierge ».
3. Des informations sur la « conciergerie d'entreprise ».

Galanterie

殷勤

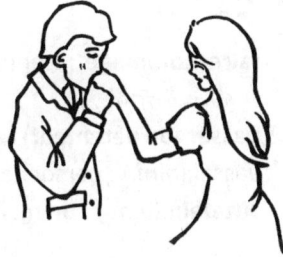

Il existe un monde où la femme est souveraine, où les hommes lui font hommage, la servent et la protègent ; dans ce monde, les portes s'ouvrent devant elle, on l'aide à passer son manteau, on s'occupe de ses bagages, on ne lui laisse pas voir l'addition au restaurant, on la raccompagne chez elle après dîner. Ce monde, où la femme est au centre, où ses désirs sont des ordres, c'est celui de la galanterie.

C'est au Moyen-Âge qu'un nouveau rapport s'est établi entre hommes et femmes, reproduisant entre les sexes les relations d'usage entre vassal et suzerain[1]. À la cour d'Aliénor d'Aquitaine[2], les troubadours chantaient l'amour courtois, l'art d'aimer et de respecter sa dame, la promesse d'allégeance et de fidélité à celle-ci. Au 17e siècle, dans les salons tenus par de précieuses aristocrates[3], la galanterie exprimait la distinction de « l'honnête homme »[4], le plus haut degré de sociabilité, l'état idéal de la civilité.

Aujourd'hui, à une époque qui valorise l'indifférenciation des sexes, la galanterie peut apparaître désuète ou ridicule, peut-être même insultante. Certains voient en effet dans ce rituel une forme de sexisme[5]. D'autres, au contraire, considèrent ce code social comme une conversation subtile entre les sexes, demandant aux hommes réserve et douceur, ainsi que respect envers les femmes. La galanterie ferait ainsi reculer la brutalité, elle serait le signe d'une société qui se raffine.

词汇

faire hommage : honorer, célébrer, traiter avec déférence 致敬，表示敬意

passer (un vêtement) (*v.t.*) : mettre, porter 套上（衣服）

vassal (*n.m.*) : personne, sujet d'un roi 封臣，附庸，仆从

suzerain (*n.m.*) : un maître, un seigneur, un souverain 封君，宗主；主人

allégeance (*n.f.*) : la sujétion, la subordination, la soumission 忠诚，效忠

civilité (*n.f.*) : la politesse, la bienséance, la sociabilité 礼貌，谦恭

désuet, ète : (*adj.*) : démodé, passé, obsolète 陈旧的，过时的

reculer (*v.i.*) : régresser, refluer, décroître 后退；消退

注释

1. 封君或宗主（le suzerain）与封臣或附庸（le vassal）之间通过封地或采邑而产生权利与义务关系，这构成了中世纪社会关系的主体。封君赐予封臣采邑，封臣则要效忠封君，无论哪一方受到外敌侵犯，双方都有义务出兵保护对方。这一制度最初形成于公元9世纪中期。

2. 阿基坦的埃莉诺（Aliénor d'Aquitaine，1122—1204）：阿基坦女公爵，先后嫁给法国国王路易七世（Louis VII）和英国国王亨利二世（Henri II），是欧洲中世纪极具传奇色彩的女性之一。埃莉诺喜好文艺，经常邀请"行吟诗人"（le troubadour）到宫廷中表演。

3. 此处précieuses aristocrates意为"女才子"，带有贬义，源自17世纪莫里哀的代表作品之一《可笑的女才子》（*Les Précieuses ridicules*），讽刺当时沙龙中那些附庸风雅，实际无知愚蠢的贵族妇女。

4. 所谓"正派人"（l'honnête homme）指的是17世纪沙龙文化造就的博学多才、谈吐优雅、善于周旋的一批贵族，无论服饰、举止、言语，还是生活习惯，一切都要以"典雅"（la courtoisie）为标准。懂得如何向女人献殷勤也是"正派人"必须具备的能力之一。

5. 部分女权主义者认为男性对于女性过分的殷勤和照顾，本身就是

一种性别歧视的表现（une forme de sexisme），即把女性视为天生的弱者。

课后练习

LIRE 精读

1. Quelles sont les obligations masculines dans la galanterie ?
2. Citez des exemples d'attitudes, de gestes galants.
3. À quelle époque est apparu le code de courtoisie ?
4. Dans la galanterie, qui occupe une position de vassal ?
5. Que célébraient les troubadours dans leur poésie ?
6. Comment était considérée la galanterie au 17e siècle ?
7. Quelles critiques adresse-t-on à la galanterie à notre époque ?
8. Comment la galanterie bénéficie-t-elle aux femmes ?

PARLER 讨论

1. Selon vous, la galanterie est-elle universelle, peut-on trouver une forme de galanterie dans la plupart des cultures ?
2. Débattez les propositions suivantes :
   - La galanterie est en contradiction avec le principe de l'égalité entre les sexes.
   - La galanterie est le reflet d'une société cultivée.
   - La galanterie est une stratégie pour tromper les femmes.

RECHERCHER 探索

1. Des exemples d'attitudes, de gestes galants envers les femmes.
2. Le sens du mot « mufle », appliqué parfois aux hommes.
3. Des troubadours au 12e siècle, des poèmes d'amour courtois.

*Pétanque*①

滚球游戏

La pétanque est probablement le jeu de loisir le plus populaire en France. Elle se pratique à tout âge, dans toutes les régions, sur tous les terrains, par tous les temps. On y joue en famille, entre amis et, bien sûr, entre professionnels, car c'est aussi un sport de compétition② qui nécessite beaucoup d'adresse et d'entraînement.

On joue à la pétanque avec des boules d'acier et un but, plus souvent appelé « cochonnet », « bouchon » ou « petit ». L'objectif est simple : les joueurs ou les équipes doivent placer les boules le plus près possible du but.

On peut y jouer à deux (trois boules chacun), c'est le tête-à-tête ; la doublette se joue à quatre joueurs (deux équipes, trois boules par joueur) ; enfin, la triplette se joue à six joueurs (trois contre trois, deux boules chacun). Selon le règlement, il ne peut pas y avoir plus de douze boules sur le terrain.

En général, il existe deux types de joueurs dans les équipes : le pointeur, celui qui place les boules près du but, et le tireur, celui qui déplace les boules de l'adversaire. La première équipe qui atteint un score de 13 points gagne la partie, mais la victoire finale se joue en général en trois manches.

adresse (*n.f.*) : l'habileté, la dextérité, le talent 敏捷，机灵

acier (*n.m.*) : du métal 钢

équipe (*n.f.*) : un groupe de personnes jouant en coopération 队，组

manche (*n.f.*) : une partie （比赛、游戏的）局，盘

注释

1. 滚球游戏（la pétanque）也可译为"撞球游戏"，19世纪初最先流行于法国南部，后逐步风靡全国。从词源角度看，la pétanque 来自于南方的普罗旺斯方言中的"脚"（pèd）和"固定的"（tanca）这两个词，法语即le jeu à pieds-plantés。根据游戏规则，球员在掷球时，双脚只能在地面上圈定的区域内活动，该区域的形状通常是一个直径介于35至50厘米的圈。

2. 滚球游戏不仅是法国和法语国家及地区的一项深受人们喜爱的运动，它在世界范围内也颇受欢迎，重要赛事包括每年举办的世界滚球锦标赛（Le Championnat du monde de pétanque）和每两年举办一届的欧洲滚球锦标赛（Les Championnats d'Europe de Pétanque）。

课后练习

LIRE 精读

1. Quel est le principe du jeu de la pétanque ?
2. Dans une doublette, chaque joueur a combien de boules ?
3. Dans une triplette, il y a combien de joueurs dans chaque équipe ?
4. Dans une triplette, il y a combien de boules sur le terrain ?
5. Quels sont les deux styles de jeu pour les joueurs ?
6. Combien faut-il de points pour gagner une partie ?

PARLER 讨论

1. Présentez des jeux dans lesquels on utilise des boules, des

balles ou des ballons, ou encore des billes.

2. Décrivez des sports ou des jeux de loisirs, qu'on joue entre amis, en famille.

RECHERCHER 探索

1. Les différents jeux de boules selon les régions en France.
2. Des expressions spécialisées de la pétanque (exemple : « faire un biberon »).
3. Le sens de l'expression : « Perdre la boule ».

Rentrée

开学

En France, il y a l'année civile qui commence le 1er janvier dans les embrassades et l'année scolaire qui débute en septembre et finit en juin, ajustée sur le calendrier des enfants. La « rentrée des classes » signifie ainsi la fin des « grandes vacances » de juillet et août[1]. La rentrée coïncide avec les premiers jours de l'automne. L'air fraîchit, les feuilles des arbres tombent dans les cours d'écoles. Une appréhension s'installe parmi les écoliers : la nouvelle classe, la nouvelle enseignante, les livres neufs, les nouveaux camarades, tout est inconnu. Après les longs jours de l'été, on reprend un rythme prévisible, beaucoup moins ludique.

Ce recommencement est général, il est porté par l'ambiance, les médias : les « bonnes affaires » de la rentrée dans les magasins ; la rentrée politique de l'Assemblée, le discours de rentrée du président[2] ; les « livres » de la rentrée, les prix littéraires de la rentrée[3], les nouveaux films et les nouveaux spectacles ; les « chiffres » de la rentrée (chômage, inflation, commerce extérieur) ; les « affaires » de la rentrée, rapportées par les journaux. Alors que la saison froide approche, cette soudaine fébrilité vient dissiper la nostalgie des jours aisés, la parenthèse estivale où le temps s'est arrêté.

appréhension (*n.f.*) : l'angoisse, la peur 担忧、恐惧

inconnu, e (*adj.*) : qu'on ne connaît pas 未知的，不了解的；
未经历过的

prévisible (*adj.*) : qu'on peut prévoir, sans surprise 可预见的

ludique (*adj.*) : qui se rapporte au jeu, au plaisir 用于玩乐的，
有趣味的

chiffre (*n.m.*) : le nombre, les statistiques （与统计有关的）数
字，数目

fébrilité (*n.f.*) : une agitation 兴奋，焦躁

注释

1. 法国的学校名义上只有暑假，大约持续两个多月，这个假期又被
   称为"大假期"（les grandes vacances）。
2. 法国人对于假期特别重视，无论平民百姓，还是国民议会（l'Assemblée nationale）的议员，乃至共和国总统（le Président de la
   République）都有"放假"的权利。由于学校的暑假是最重要的
   假期，大多数法国人也会选择在7、8月份休假，这样可以同家人
   一起度过悠长的夏日时光。
3. 法国最为权威的文学奖项（les prix littéraires）大多在下半年颁
   发，10月和11月间尤为集中，如法兰西学术院奖（Le grand prix
   de l'Académie française）、龚古尔文学奖（le prix Goncourt）、勒
   诺多文学奖（le prix Renaudot）等。

课后练习

LIRE 精读

1. Quelle est la différence entre année civile et année scolaire ?
2. La rentrée, c'est quand ?
3. Pour les enfants, à quoi est associée la rentrée ?
4. Quels évènements ont lieu autour de la rentrée ?
5. Quel mot qualifie le mieux la rentrée ?

6. Avec quoi la rentrée contraste-t-elle ?

PARLER 讨论
1. Décrivez les calendriers scolaire et civil dans différentes parties du monde.
2. Présentez un souvenir d'enfance lié à la rentrée scolaire.
3. Commentez cette remarque de Victor Hugo :
   « Les maîtres d'école sont les jardiniers des intelligences humaines » (*Faits et croyances*, 1840).

RECHERCHER 探索
1. Les différentes périodes du calendrier académique en France.
2. Les articles pour les écoliers vendus dans les magasins à la rentrée.

Salutations

致意

Les longues formules de politesse exigées par la correspondance administrative sont connues : « Dans l'attente de recevoir de vos nouvelles, je vous prie d'accepter, Monsieur le Directeur, l'assurance de mes meilleures salutations »[1]. Ce paragraphe conventionnel et formel, placé juste avant la signature, n'est jamais vraiment lu, il ne contient aucune information, mais il doit être correctement rédigé.

La rencontre autorise plus de chaleur : on se serre la main à toute occasion, qu'on se rencontre ou se quitte ; on se fait une, deux, trois ou quatre bises, on n'est jamais tout à fait sûr du nombre exact ; on se fait parfois l'accolade[2], surtout entre hommes ; on se saisit quelquefois par les deux mains, surtout entre femmes ; on embrasse sur le front ou on pose doucement la main sur la tête des enfants. La rencontre entre personnes est marquée par le rapprochement, le toucher.

La parole apporte une autre dimension aux salutations : bonjour ou bonsoir, au revoir ou salut, à tout à l'heure ou à bientôt, et plus rarement adieu ; les options sont variées et les situations sont en général claires[3]. Cela se complique lorsqu'on hésite entre madame ou mademoiselle[4] ou entre vous et tu.

Quant au courrier électronique, communément appelé « mail » ou « courriel »[5], que l'on a situé en France quelque part entre l'appel téléphonique et la lettre postale, il commence souvent par un informel « bonjour » et finit par un laconique « cordialement ».

词汇

rédiger (*v.t.*) : écrire 撰写

faire l'accolade : saluer en plaçant les bras autour du cou（正式场合的）拥抱

quant à : en ce qui concerne 关于……，至于……

laconique (*adj.*) : bref, court, sobre 简洁的，简要的

注释

1. 这一固定表达类似于汉语中的"此致，敬礼"。
2. 此处的"拥抱"（une accolade）指一种礼仪，并非情侣或亲人私下里的拥抱（une embrassade），简单来说就是"拥而不抱"或"拥而轻抱"，多见于正式的场合。
3. 法语中有许多用于告别的表达，但要根据告别的时段、分开与重逢的间隔长短等具体的情况（les situations）进行选择（les options）。
4. 近几年，称谓名词madame和mademoiselle的用法在法国有明显的变化，相当一部分人觉得应废除mademoiselle（一般指未婚女性）这个词，毕竟婚姻是个人私事，不应该将女性按照婚姻状况加以区分。madame除了有"夫人，太太"的含义，也有"女士"的含义，可以通用。
5. un courriel（电子邮件）是20世纪90年代中期由魁北克人发明的一个"新词"，用来替代英语的e-mail。

课后练习

LIRE 精读

1. Quels sont les types de salutations dont parle ce texte ?

2. Quelle est l'importance des formules de politesse dans la correspondance ?
3. Quelles sont les différentes manières de saluer dans un contact direct ?
4. Qu'est-ce qui caractérise le contact direct entre deux personnes ?
5. Dans quelles circonstances peut-on être incertain sur ce qui est approprié ?
6. De quelle manière on débute et conclut un mail en France ?

PARLER 讨论

1. Citez les facteurs, les circonstances qui déterminent la manière dont on salue.
2. Présentez différentes manières de saluer dans le monde.
3. Commentez ces propositions :
   - Être poli, c'est montrer son respect envers les autres.
   - Plus on est poli, plus on est distant.

RECHERCHER 探索

1. Des formules de politesse dans la correspondance.
2. Les circonstances d'utilisation de vous et de tu.
3. Le sens de ces expressions populaires : « Tirer sa révérence » et « Filer à l'anglaise ».

Tiercé et Loto

赛马博彩与乐透彩票

Le rêve de tout le monde est de devenir riche d'un seul coup et sans effort. Ce rêve est parfaitement réalisable, il suffit simplement d'avoir de la chance au jeu.

Le Tiercé[①] demande un certain professionnalisme, il s'agit de parier sur les trois premiers chevaux gagnants à l'arrivée d'une course. On peut gagner sur une arrivée dans l'ordre ou dans le désordre, la première combinaison produisant bien sûr un gain plus important. Naturellement, les trois chevaux gagnants rapportent moins s'ils sont tous des favoris. La science du parieur consiste donc à savoir placer un outsider[②] ou deux dans le trio gagnant. On enregistre ses paris dans un bureau de PMU (Pari Mutuel Urbain)[③] ou en ligne.

Le Loto[④] ne nécessite pas d'étude particulière, sauf si on se passionne pour les statistiques. Les sept chiffres qui apparaissent sur l'écran de télévision au moment des trois tirages hebdomadaires sont le résultat du pur hasard ; mais si ces chiffres correspondent à ceux qu'on a inscrits sur son ticket, ils tombent du ciel comme des présents divins. Le futur proche du gagnant se conjugue alors avec des cocotiers, une plage de sable blanc et l'océan.

词汇

d'un seul coup : immédiatement, tout de suite 一下子，立刻

parier (*v.t.*) : engager de l'argent dans un jeu 打赌

rapporter (*v.t.*) : produire du gain, du bénéfice 获得，赚得（利润）

sauf (*prép.*) : excepté, à part 除外，除非

hasard (*n.m.*) : ce qu'on ne peut pas prévoir, sort, destin 偶然，巧合

divin, e (*adj.*) : qui a rapport avec la divinité, avec Dieu 神的，上帝的

cocotier (*n.m.*) : un arbre qui produit des noix de coco 椰子树

注释

1. 前三独赢（le Tiercé）是目前流行的赛马博彩基本规则之一，20世纪50年代起源于法国。
2. 此处outsider是赛马博彩的术语，来自英语，指比赛中获胜机会甚微的选手或赛马，如果胜出，即为通常所说的"黑马"。
3. 城市同注分彩公司（Le Pari mutuel urbain, PMU）：欧洲第一、世界第二的赛马博彩经营机构，始创于1930年，主营赛马、赛狗及与部分体育比赛有关的博彩业务。
4. 乐透彩票（le Loto）是由法国乐透彩公司（La Française des jeux, FDJ）发行的随机型彩票。从1975年首次发行至今，一直受到民众的欢迎，每期大奖都备受关注。

课后练习

LIRE 精读

1. Sur quoi parie-t-on au Tiercé ?
2. Comment gagne-t-on plus d'argent au Tiercé ?
3. Combien de fois peut-on parier au Loto chaque semaine ?
4. Comment gagne-t-on au Loto ?
5. Qu'est-ce qui symbolise le premier prix du Loto ?

PARLER 讨论

1. Décrivez les raisons pour lesquelles on joue à des jeux de hasard ; citez des risques possibles liés à ce type de jeux.
2. Commentez ces slogans du PMU : « Jouez avec vos émotions » ; « Gagnez en émotion ».
3. Présentez des jeux basés sur des paris, des mises d'argent.

RECHERCHER 探索

1. Le lieu où se passent les courses du Tiercé, quelques types de paris.
2. Les différentes formes de paris au Loto, les probabilités de gagner.
3. Le sens de l'expression : « Tirer le bon numéro ».

Tour de France

环法自行车赛

C'est en 1903 qu'un journal a eu l'idée d'organiser une compétition consistant à faire le tour de France à bicyclette[①]. Depuis cette date, l'une des épreuves sportives les plus spectaculaires du monde a lieu chaque année au mois de juillet, plusieurs centaines de coureurs de tous les pays y participant.

L'objectif du Tour de France est de parcourir en vingt étapes une distance d'environ 3000 km. L'épreuve dure trois semaines, elle ne comprend que deux ou trois jours de repos. L'itinéraire change chaque année, mais il réserve toujours aux concurrents d'interminables plaines et surtout des cols de montagne difficiles à passer. Le coureur en tête du classement porte un maillot jaune et l'arrivée finale se déroule sur la prestigieuse avenue des Champs-Élysées à Paris[②].

Cette course exige des concurrents une endurance hors du commun et des millions de spectateurs viennent les encourager tout au long du parcours. Comme un dragon bariolé qui s'étire sur les routes[③], la caravane du Tour réveille chaque été les villes et les campagnes de France.

词汇

épreuve (*n.f.*) : une compétition 比赛

parcourir (*v.t.*) : couvrir la distance, accomplir un trajet 跑完（赛段）

étape (*n.f.*) : une halte, un arrêt sur le parcours 中途站

repos (*n.m.*) : une pause 休息

col de montagne (*n.m.*) : un sommet, un pic 山口

se dérouler (*v.pr.*) : avoir lieu 举办，举行

endurance (*n.f.*) : la résistance, le courage 耐力，持久力

bariolé, e (*adj.*) : coloré, multicolore 五颜六色的

s'étirer (*v.pr.*) : s'allonger, se déployer 伸长，延伸

注释

1. 环法自行车赛（le Tour de France）的创始人是法国著名报业家、记者和运动员亨利·德格朗日（Henri Desgrange, 1865—1940）。1903年，时任体育日报《汽车》（*L'Auto*）报社经理和总编的德格朗日为扩大该报的发行量和影响力，发起环法自行车赛。

2. 环法自行车赛每年6月底或7月初开始，大约持续三周，一天一个赛段，总共约20个赛段，每个赛段结束后计算总成绩和赛段成绩，总成绩领先者有资格穿黄色领骑衫（le maillot jaune），如果能保持到终点，就是比赛的总冠军，此人将会受到英雄凯旋般的礼遇。受到"环法"的影响，"黄色领骑衫"在法语中成为固定表达，特指某个领域或行业的"领头羊"。

3. 在环法自行车赛中，一些特定颜色的骑行衫是有特殊意义的，除了上文介绍的"黄色领骑衫"之外，还有绿色骑行衫（冲刺积分最优者，即冲刺王）、白底红点骑行衫（山地爬坡成绩最优者，即爬坡王）、白色骑行衫（25周岁以下成绩最优者）。另外，由于很多赛段路况复杂，尤其是山区赛段，车手们大多会穿着颜色比较醒目的骑行衫（un dragon bariolé），有利于在事故突发时及时获得救助。

269

课后练习

LIRE 精读

1. Le Tour de France promeut quelle sorte de sport ?
2. À quel moment de l'année se passe le Tour et sur quelle durée ?
3. Quelle distance les concurrents doivent-ils couvrir ?
4. Quelle est la partie de la course la plus difficile ?
5. Comment distingue-t-on le coureur qui mène la course ?
6. Où finit la course ?
7. Pourquoi peut-on comparer le Tour sur les routes à un long dragon ?

PARLER 讨论

1. Décrivez les qualités physiques et morales nécessaires pour participer à ce type de compétition.
2. Présentez les avantages de la bicyclette, ses inconvénients.
3. Citez de grandes compétitions sportives dans le monde.

RECHERCHER 探索

1. Le parcours du dernier Tour de France ; le vainqueur de la dernière édition ; des coureurs qui ont gagné la course plusieurs fois.
2. Le sens de l'expression : « Perdre les pédales ».
3. Le sens des expressions : « Aller faire un tour » et « Jouer un tour à quelqu'un ».

Vacances 假期

En France, les vacances sont une affaire d'État. D'abord parce que c'est le gouvernement qui détermine la législation officielle du travail et des congés, et ensuite parce que les vacances constituent un droit inaliénable des employés. Le cliché qui affirme que les Français n'aiment pas travailler doit donc être corrigé : ce que les Français n'apprécient pas, c'est qu'on les empêche de partir en vacances. L'un des grands moments de l'histoire de la lutte des travailleurs a été d'imposer aux employeurs de concéder deux semaines de congés payés par an à leurs salariés. Cela s'est passé en 1936, sous le Front populaire, par une législation du gouvernement socialiste dirigé par Léon Blum[1]. Aujourd'hui, les salariés en France ont droit à cinq semaines de congés payés annuels, la durée la plus élevée du monde.

Il existe de nombreux qualifiants pour les vacances : les vacances de Pâques[2], de Noël, les petites vacances, les grandes vacances, les vacances d'hiver, de printemps, d'été, les vacances scolaires... La vie du travail est rythmée par des pauses régulières. Mais ces vacances signifient beaucoup plus qu'un simple arrêt de la routine, car c'est surtout le voyage, le départ qui comptent. Ainsi, la question « vous prenez des vacances ? » est devenue synonyme de : « Où partez-vous ? »

congés (*n.m.pl.*) : les jours de vacances 假期，休假，节假日

droit (*n.m.*) : un privilège légal 权利

inaliénable (*adj.*) : qu'on ne peut pas enlever, supprimer, retirer 不可剥夺的

donc (*conj.*) : ainsi, en conséquence 所以，因此（引出结论或结果）

empêcher (*v.t.*) : ne pas permettre, ne pas autoriser 阻止

lutte (*n.f.*) : une bataille, un combat 斗争，战斗

注释

1. "人民阵线"（le Front populaire）是1936年5月至1938年4月在法国社会党领袖莱昂·布鲁姆（Léon Blum）领导下建立的左翼政党联合政府，"带薪假期"（les congés payés）是"人民阵线"推行的重要社会政治改革措施之一。

2. 复活节（Pâques）：亦称"耶稣复活瞻礼"，基督教纪念耶稣在受难（la Passion）后第三天"复活"（la Résurrection）的重要节日，具体日期在3月21日至4月25日之间。复活节在法国是法定假日，学校在复活节前后放假（les vacances de Pâques），假期持续大约两周左右，也称"春假"。

课后练习

LIRE 精读

1. Pourquoi les vacances sont une « affaire d'État » en France ?
2. Quel stéréotype existe concernant la relation au travail des Français et comment doit-on le corriger ?
3. Depuis quand les employés bénéficient de jours de vacances tout en continuant à recevoir leur salaire ?
4. Un salarié bénéficie de combien de jours de vacances par an ?
5. Pour les Français, qu'est-ce qui est associé aux vacances ?

PARLER 讨论

1. Présentez des législations relatives aux congés dans le monde.
2. Débattez ces propositions :
   - Rester à la maison, ce n'est pas vraiment des vacances.
   - Les voyages sont une véritable occasion de sortir de la routine.
   - On ne se repose pas vraiment en voyage.
3. Décrivez vos vacances idéales.

RECHERCHER 探索

1. Les périodes, les lieux, les activités des Français en vacances.
2. Des statistiques sur le nombre de Français qui partent en vacances.
3. Le sens de l'expression « des bouchons sur les routes ».

POUR FAIRE LE POINT 单元小结

De quelles icônes s'agit-il ? 猜一猜

1. Ces deux objets vont très bien ensemble pour composer une image stéréotypée du Français.

2. Si les femmes sont traitées comme des souveraines, elles le doivent à cette tradition.

3. Placez-vous le plus près possible du « petit » et vous avez gagné !

4. Tirez les bons numéros et vous aurez le plaisir de dire au revoir à votre patron.

5. Si vous voulez faire des économies, faites-le vous-même.

6. C'est le moment de l'année où tout recommence et tout a l'air nouveau.

7. Avec la fermeture automatique des portes des immeubles, on en voit de moins en moins aujourd'hui.

8. Celui qui est en tête porte un maillot jaune.

9. Il y en a 60 millions en France, autant que de Françaises et de Français.

参考答案在本书 p. 286

CORRIGÉS

参考答案

ALIMENTATION, GASTRONOMIE

Apéritif
1. Avant les repas.
2. Pour « ouvrir » l'appétit.
3. Au café, à la maison ; avec des amis, en famille.
4. Non, des jus de fruits aussi.
5. Des petits biscuits, des cacahuètes.
6. Conviviale et gaie, parfois animée.

Beaujolais nouveau
1. Au mois de novembre, le 3e jeudi.
2. La fête a lieu partout dans le monde.
3. Avec des affiches, des panneaux.
4. Léger, tendre et fruité.
5. Joyeuse, fraternelle.
6. Thanksgiving.
7. Au Japon.

Café et croissant
1. La maison, le café.
2. À la boulangerie.
3. Chaud, croustillant et onctueux.
4. Noir, expresso, court ou allongé, double, « noisette », « crème ».
5. Non, probablement viennoise.
6. L'Italie.

Champagne
1. Dans la région de Reims.
2. Il est pétillant.
3. Les fêtes, les évènements heureux.
4. 300 millions de bouteilles.
5. Il coûte cher.
6. Cela peut être dangereux.

7. Une flûte.
8. Santé ! Pour souhaiter une bonne santé.

Chefs
1. Marie-Antoine Carême.
2. Son « guide » a influencé les chefs modernes.
3. Une toque blanche.
4. F. Point, les frères Troisgros, R. Oliver, A. Chapel, P. Bocuse.
5. Ils s'exportent beaucoup.
6. Il porte un chapeau noir et il reste dans sa région.
7. Le Guide Michelin et le Gault Millau.
8. Les 3 étoiles.

Escargots et grenouilles
1. Raffinée et excentrique.
2. On mange les cuisses ; il faut éviter les os.
3. Sel, oignons et panure.
4. De Bourgogne.
5. Frits en persillade.
6. C'est bizarre et très cher.
7. Gastéropodes et batraciens.

Frites
1. C'est un débat, il n'y a pas de réponse définitive.
2. À des allumettes (des bâtonnets).
3. Des pommes de terre frites à l'huile.
4. De la viande, des fruits de mer, de la salade.
5. Les enfants mais aussi les adultes.

6. « Être en forme ».

Fromages

1. Environ 400.
2. Pain, olives, salades.
3. Le label AOC.
4. Vache, chèvre, brebis.
5. Avant le dessert.
6. Du plus doux au plus fort.

Macarons

1. Une pâtisserie.
2. Tendre, croquant, fondant, parfumé.
3. Des œufs, des amandes et du sucre.
4. Cela dépend des régions.
5. Il est coloré et il a deux coques.
6. La ganache.
7. Pistache, chocolat, café, vanille, framboise, noix de coco, menthe, citron, thé vert, etc.
8. Le 20 mars.

Perrier

1. Dans le Gard.
2. 1903.
3. Un Britannique, Sir John Harmsworth.
4. Parce qu'elle est pétillante, effervescente.
5. À une quille.
6. Tout le monde ; ceux qui ont soif.
7. Environ 1 milliard.
8. Une image dynamique, créative.

Soupe à l'oignon

1. Tard dans la soirée.
2. Les « Forts des Halles ».
3. Pour se « requinquer », retrouver des forces.
4. En salade, en cuisson.
5. Il a beaucoup d'énergie, il est purifiant.
6. Bouillante, avec du fromage fondu

et du pain.
7. En hiver.

Truffes

1. Un champignon.
2. Mêlées aux racines de certains arbres.
3. À la fin de l'automne ; avec un chien, un cochon, des mouches.
4. En Provence, dans le Périgord, en Italie, en Espagne, en Chine.
5. La truffe noire du Périgord.
6. 50 g.
7. 50 à 100 euros.
8. Avec une omelette, par exemple.

Vache qui rit

1. 1921.
2. Du fromage fondant en portion.
3. Une vache qui rit.
4. On fabrique ce produit avec le lait de la vache.
5. On en tartine sur du pain.
6. La vache rit ; ses boucles d'oreilles qui répètent indéfiniment la même scène.
7. Aux enfants principalement.

Vins et eaux

1. Dans la partie sud et l'est de la France.
2. Du Bordelais et de Bourgogne.
3. En septembre.
4. Le bordeaux.
5. Le beaujolais.
6. Les viandes avec le rouge ; les poissons avec le blanc.
7. La consommation décroît depuis 30 ans.
8. L'eau minérale.

CÉLÉBRITÉS
Abbé Pierre

1. Un prêtre ; Henri-Antoine Groués
2. Son nom vient de la Résistance.

3. Aider les pauvres, les sans-logis.
4. La communauté d'Emmaüs ;
   financer la construction d'abris.
5. Non, elle est présente dans 30
   pays.
6. Par son appel à la radio, l'hiver
   1954.
7. La Légion d'honneur.
8. Janvier 2007.

Brigitte Bardot

1. Dans les années 1950.
2. Optimisme, insouciance.
3. BB.
4. Et Dieu créa la femme.
5. Sa beauté, son caractère libre,
   enfantin, audacieux.
6. Brigitte Bardot a servi de modèle
   pour Marianne.
7. La chanson.
8. Elle milite pour le respect des
   animaux.
9. La Légion d'honneur.

Belmondo et Delon

1. Bourvil et de Funès ; Delon et
   Belmondo.
2. Marseille.
3. Les années 1920.
4. Des gangsters.
5. Leur complémentarité.
6. Belmondo est chaleureux,
   spontané, franc, séducteur et beau
   parleur ; Delon est froid, mesuré,
   mystérieux, de peu de mots et
   beau garçon…
7. Ils sont d'excellents acteurs.
8. Des modèles de masculinité.

Les Bleus

1. L'équipe sportive nationale.
2. L'équipe de football.
3. 1998-2000.
4. Des joueurs d'origines différentes.
5. La France a perdu contre l'Italie.

6. Une France unie.

Coco Chanel

1. Créatrice de modèles haute-
   couture.
2. Gabrielle Bonheur Chasnel.
3. Dans les années 1920.
4. Confort, simplicité et élégance.
5. Les vêtements sont plus faciles à
   porter, ils se rapprochent du style
   pour les hommes.
6. Les vêtements masculins.
7. 1971. 87 ans.
8. Audrey Tautou ; *Coco avant
   Chanel*.

Coluche

1. Un humoriste. D'un milieu ouvrier.
2. Ironique, sarcastique, trivial.
3. Les billets d'entrée étaient tirés à
   la loterie.
4. Les politiciens, les journalistes, qui
   sont associés.
5. Pour ridiculiser les élections.
6. Avec un film tragique.
7. Restos du Cœur ; aider les pauvres.
8. Il est un ancien pauvre.
9. Un accident de moto. À 42 ans.

Catherine Deneuve

1. Elle a tourné plus de 100 films.
2. *Les parapluies de Cherbourg*.
3. Son mystère.
4. Froide. Mais brûlante à l'intérieur.
5. Une mauvaise chose, une femme
   âgée.
6. Deux Césars, prix de la meilleure
   actrice européenne.
7. Elle a servi de modèle pour
   Marianne.
8. Le vieillissement.

Serge Gainsbourg

1. Chanteur, compositeur, musicien,
   novateur et provocateur.

2. Le « beau Serge », par ironie.
3. *Le poinçonneur de Lilas.*
4. Non, pour des chanteuses aussi (Gréco, Gall, etc.)
5. *Poupée de cire, poupée de son.*
6. *Je t'aime moi non plus.*
7. *Aux armes et cætera.*
8. Il a brûlé un billet de 500 francs à la télévision.
9. D'épuisement, d'excès de tabac et d'alcool.

Yannick Noah

1. Le tennis.
2. Son père est Camerounais ; il vit à New York ; son épouse est Suédoise...
3. Roland Garros, en 1983.
4. Grand, acrobatique, fantasque, look à la Bob Marley.
5. Au début des années 1990.
6. Il chante.
7. Il défend des grandes causes, il participe à des opérations caritatives.

Édith Piaf

1. Une chanteuse. Petite et fragile.
2. Le père acrobate, la mère chanteuse de rue.
3. Elle chantait dans des cabarets.
4. L'amour.
5. À l'occasion de la mort de Marcel Cerdan, son compagnon.
6. Pour célébrer fin de la guerre.
7. Elle était émouvante, vraie.
8. Très malade et faible.
9. Marion Cotillard ; *La môme.*

Yves Saint Laurent

1. Couturier, la Haute-Couture.
2. Christian Dior, Coco Chanel.
3. Il crée sa première Maison à 26 ans.
4. L'inspiration du vêtement masculin, des peintres, l'exotisme.
5. Il a ouvert des portes, des nouvelles voies.
6. Son amie et un modèle pour ses créations.
7. Son héritage durera, il laisse un vide.
8. Il a reçu la Légion d'honneur.
9. Dans le jardin de sa maison à Marrakech.

Philippe Starck

1. Designer.
2. Ses créations s'occupent de tout.
3. Une maison gonflable, l'appartement du président, des night-clubs.
4. Avec du papier et un crayon.
5. Un presse-citron.
6. Ses créations sont exposées partout.
7. Il doit être bon marché et utile.
8. La « bonté », c'est plus stable.
9. Dans des petites choses, des « micro-informations ».

HISTOIRE, INSTITUTIONS
Académie française

1. 1635, 17e siècle.
2. À l'Institut de France.
3. Veiller à l'intégrité de la langue française.
4. 40.
5. Ils sont élus à vie.
6. Les « Immortels ».
7. Produire un dictionnaire.
8. Par un discours qui fait l'éloge de leur prédécesseur.
9. Non, la première a été élue en 1980.

Astérix et Obélix

1. De bandes dessinées.
2. Depuis 1960.
3. Au moment de la conquête romaine.
4. Les Gaulois.

5. Grâce à une potion magique et leurs qualités morales.
6. Ils partagent les mêmes traits psychologiques.
7. 300 millions d'exemplaire vendus dans le monde.

Châteaux de la Loire

1. Le petit roi de Bourges.
2. Dans le sud de la Loire, la région de Bourges.
3. Les Anglais et les Bourguignons.
4. Jeanne d'Arc.
5. On y parle un français « pur ».
6. La Renaissance.
7. Les familles royales, les nobles.
8. Cheverny et Ussé.

Clocher

1. L'élection de François Mitterrand.
2. Parti socialiste.
3. Il est le premier président socialiste.
4. La campagne française, un clocher.
5. Il rassurait les électeurs.
6. Il est au centre de la vie traditionnelle française.
7. Pour les heures et les prières.

Coq

1. Les Gaulois.
2. *Gallus*, le coq.
3. IIIe République.
4. L'aube.
5. À indiquer la direction du vent.
6. Les maillots des sportifs par exemple.
7. « Cocorico ».
8. Il est combatif, courageux...
9. Il est fier, arrogant.

Charles de Gaulle

1. Un héros national.
2. Il a organisé la Résistance.
3. De 1958 à 1969.

4. Des pouvoirs plus importants pour le président.
5. Une France indépendante...
6. Le gaullisme.
7. Il a démissionné à la suite de sa défaite à un référendum.
8. Ils l'ont élu le plus grand homme de leur histoire en 2005.

Jeanne d'Arc

1. 15e siècle.
2. Pour ses victoires décisives contre l'occupant anglais.
3. La sincérité, la foi.
4. Elle a entendu des voix célestes.
5. 16 ans.
6. Charles VII.
7. Elle est emprisonnée puis brûlée vive.
8. Elle est revendiquée comme symbole par des mouvements nationalistes.

Légion d'honneur

1. Napoléon, 1802.
2. Aux hommes et aux femmes méritants.
3. Le président de la République.
4. La Grand'Croix.
5. Non, pas nécessairement.
6. Les militaires.
7. 125 000.
8. Non. 10 % environ.
9. Oui, parfois.

Mai 68

1. La jeunesse française désire un changement.
2. Le général de Gaulle.
3. Les étudiants, les employés, les ouvriers.
4. Des affrontements avec la police, des grèves...
5. Plus de liberté, plus de justice, d'humanité.

6. Avec de nouvelles élections du Parlement.
7. Les idées de 1968 inspirent des réformes.
8. Un « soixante-huitard ».

Marianne

1. Dans tous les bâtiments administratifs et publics.
2. C'est une femme de la Révolution de 1789.
3. La liberté, la République, l'époque révolutionnaire de 1789.
4. Un bonnet phrygien, qui symbolise les esclaves libres.
5. De Marie et de Anne.
6. Delacroix, durant les « Trois Glorieuses ».
7. Non. Il est inspiré par différents modèles de Françaises célèbres.

Marseillaise

1. La période révolutionnaire, 1789-1799.
2. Rouget de Lisle.
3. Les volontaires de Marseille l'ont chantée.
4. À partir de la IIIe République.
5. Ses paroles, sa musique.
6. Les cérémonies officielles, sportives.

Napoléon

1. Ils renversent un roi, puis réinstallent un empereur.
2. En 1804.
3. De Corse.
4. Une fierté nationale...
5. Waterloo.
6. Dans les institutions, le droit, l'architecture, les arts.
7. Aux Invalides.
8. David.

République

1. Justice et démocratie.
2. À la Révolution.
3. *La Déclaration des droits de l'homme et du citoyen.*
4. Elle est indivisible, laïque, démocratique et sociale.
5. L'État est démocratique.
6. Tous les citoyens ont les mêmes droits.
7. L'État est solidaire des citoyens.
8. L'État français est neutre.

INDUSTRIE, ÉDUCATION, TRAVAIL

2CV

1. Citroën.
2. 1948.
3. Elle n'est pas chère, elle est économique, elle roule sur tous les terrains...
4. Elle se comporte un peu comme un cheval.
5. Non, la fabrication a cessé au début des années 1990.
6. Il y a des clubs qui organisent des rallyes ; il y a un musée.

Cocotte-minute

1. Un autocuiseur.
2. Par SEB, en 1953.
3. 50 millions d'unités ont été vendues.
4. Elle peut cuire les aliments deux ou trois fois plus vite.
5. Par cuisson à haute pression.
6. Les gens pressés, occupés.
7. Lorsqu'on ressent de la tension, de la pression.
8. Parce qu'elle « tue » les vitamines, les nutriments.

Grandes écoles

1. Former les élites.
2. Du 18e siècle.

3. L'ENA ou l'« X ».
4. HEC.
5. L'ENS.
6. Centrale ou l'école des Mines.
7. Saint-Cyr.
8. Par concours après une école préparatoire.

Laguiole
1. De l'Aveyron.
2. À son abeille sur le manche.
3. Les bergers.
4. Couper le pain, ouvrir des bouteilles…
5. L'autorité paternelle.
6. Certains sont travaillés avec des matériaux précieux.
7. Il n'y a pas de « marque déposée ».

La Sorbonne
1. Le quartier intellectuel.
2. Au Moyen-Âge.
3. En latin.
4. Sorbon.
5. Richelieu.
6. Avec la concurrence des grandes écoles.
7. Sous la IIIe République.
8. Ses anciens élèves, ses professeurs prestigieux.
9. Mai 68.

Métro, boulot, dodo
1. La routine quotidienne.
2. On se lève, on va travailler puis on rentre se coucher.
3. Le travail.
4. Les transports en commun.
5. Le sommeil.
6. En étant vigilant.
7. La liberté.

Michelin
1. Des pneus.
2. Clermont-Ferrand, Auvergne.

3. Le logo de la société Michelin, né en 1898.
4. Il est sur la porte des garages, des stations-service, sur les routes.
5. Joyeux et sympathique.
6. Bibendum a été élu meilleur logo du siècle.
7. La route, le voyage, les vacances.

Pôle Emploi
1. Pour chercher du travail, s'inscrire au chômage.
2. Gérer les offres d'emploi, prospecter les employeurs.
3. 8-9 % de la population active.
4. L'automation, les femmes au travail, les problèmes économiques.
5. Les jeunes.
6. Non.

Sécurité sociale
1. Assurer la protection sociale, depuis 1945.
2. Par les contributions des salariés, des employeurs et du gouvernement.
3. Non, il est en déficit.
4. Oui, les chômeurs en bénéficient aussi.
5. La santé.
6. Environ 20 %.

TGV
1. 30 ans.
2. Sa vitesse.
3. 3 heures environ.
4. Exemple : habiter Lyon et travailler à Paris.
5. Il est facile de passer des week-ends loin de chez soi.
6. La montée des prix de l'immobilier.

Tour Eiffel
1. Pour l'exposition universelle de

1889.
2. La Grande Dame de fer ; plus de 300 mètres.
3. Non, certains la trouvaient laide.
4. Un exploit technologique.
5. Il faut la repeindre.
6. Elle a 7 millions de visiteurs par an.

Vuitton
1. La maroquinerie.
2. Les initiales du créateur.
3. Des articles de bagagerie.
4. Au luxe, la qualité, l'élégance.
5. De promouvoir l'art contemporain.
6. Les marchés asiatiques.

LANGUE, MÉDIAS, CULTURE
Amélie Poulain
1. Une jeune femme qui a des goûts particuliers.
2. Elle veut faire le bonheur de l'humanité.
3. J.-P. Jeunet.
4. L'image, la photographie, les couleurs.
5. Montmartre.
6. Film européen 2001 et quatre Césars en 2002.
7. Audrey Tautou.
8. Coco Chanel.

Roland Barthes
1. Les œuvres, les objets culturels.
2. Les mythes sont des significations, des symboles qui contribuent à former les discours dominants, les idées.
3. Parce qu'il véhicule les mythes.
4. C'est l'opinion commune, de la majorité, les préjugés.
5. Un langage qui ne véhicule pas de mythes.
6. Il lui assigne un rôle créatif, interactif.

Canard Enchaîné
1. Pendant la première guerre mondiale.
2. Pendant l'Occupation.
3. Humour et satire.
4. Par la classe politique sur qui le journal révèle des informations le plus souvent exactes.
5. Par un réseau d'informateurs bien placés.
6. Par ses lecteurs uniquement.

Simone de Beauvoir
1. Il y a autant de femmes que d'hommes mais elles sont « minoritaires ».
2. *Le Deuxième Sexe.*
3. Pour décrire la situation des femmes dans la société.
4. La législation, le travail, l'éducation…
5. La vieillesse, la maladie.

Jacques Derrida
1. Son œuvre touche à plusieurs domaines intellectuels.
2. La déconstruction.
3. Questionner la binarité des concepts.
4. Suivre la trace de subtiles différences, révéler la complexité des choses.
5. Son style obscur, difficile.
6. L'ellipse, le double sens.

Dictée
1. À vérifier la qualité de l'orthographe.
2. Les employeurs, les institutions d'enseignement introduisent des tests d'orthographe.
3. La complexité des règles, la tolérance, l'influence du visuel etc.
4. Pour simplifier les règles.
5. Éliminer les doubles consonnes, le

« y », les « h » non prononcés.
6. Oui, de la part de ceux qui sont passionnés de dictée.
7. La langue doit évoluer, comme tout corps naturel.

Festival de Cannes
1. Sur la Côte d'Azur ; le Festival du film international.
2. 1946.
3. Les vedettes montent les « marches de la gloire ».
4. La Palme d'or.
5. Le Prix du meilleur acteur, de la meilleure actrice, etc.
6. Toutes les télévisions du monde entier y participent.
7. Les médias parlent beaucoup de l'évènement.

Guignols
1. Elle a été inventée par un dentiste pour attirer les patients.
2. C'est un théâtre participatif.
3. Une émission de télévision, surtout regardée par les adultes.
4. Les politiciens, les journalistes, les célébrités.
5. Les marionnettes animent un faux journal télévisé.
6. Le public confond les vrais personnages avec leurs marionnettes.

Victor Hugo
1. Il a écrit dans tous les genres.
2. Député et opposant au Second Empire.
3. Il choisit l'exil à la suite du coup d'État de Napoléon III.
4. En 1871, après 20 ans.
5. En 1885, au Panthéon.
6. Il parle des pauvres, des opprimés.
7. Oui, pour sa trop grande éloquence.

8. De nombreux lieux en France portent son nom.

Impressionnistes
1. 1874.
2. Au style classique.
3. La lumière, les scènes d'extérieur, le fugitif, etc.
4. Le Japon est le pays du « soleil levant ».
5. Non, elles ont été très critiquées.
6. L'artiste exprime ses impressions, non la réalité ou des symboles.

Le Monde
1. 1944.
2. 320 000.
3. L'après-midi.
4. Par une société de lecteurs.
5. L'international.
6. Un dessin, une caricature.

Petit Prince
1. Antoine de Saint-Exupéry, aviateur.
2. 1943, durant la seconde guerre mondiale.
3. Dans le désert.
4. Une centaine de millions d'exemplaires vendus dans le monde.
5. Critiquer la guerre, les conflits.
6. Pas nécessairement, il s'adresse aussi aux adultes.

Prix Goncourt
1. 1903.
2. Récompenser un roman.
3. Chaque année, en novembre.
4. Il doit être publié dans l'année, son auteur n'ayant jamais reçu le prix avant.
5. Le jury, qui se réunit une fois par mois.
6. Non, 10 euros seulement.
7. Les livres primés se vendent bien.

Sempé

1. Dessinateur.
2. Depuis les années soixante.
3. L'humain se croit important, mais il n'est que contingent.
4. Il a illustré des couvertures de magazines dans le monde entier.
5. Ses personnages sont toujours les mêmes.
6. Il dit qu'il trouve le monde d'aujourd'hui complexe et moins intéressant.

Tintin

1. Hergé.
2. Dans les années 1930.
3. Journaliste.
4. Un peu naïf mais intrépide.
5. Le capitaine Haddock, le professeur Tournesol, Milou...
6. La série a été vendue à des centaines de millions d'exemplaires.
7. La clarté des dessins, les aventures, le mystère.

Boris Vian

1. Il n'a pas vécu longtemps.
2. Il a créé des œuvres dans de multiples domaines.
3. Les clubs, les cafés de l'après-guerre.
4. La trompette.
5. Jean-Paul Sartre.
6. *Le Déserteur.*
7. À la fin des années 1960.
8. Étranges, oniriques, drôles.

VIE QUOTIDIENNE
Accordéon

1. La France pittoresque, des touristes...
2. Dans les années 1930 et 1940.
3. La fête, les guinguettes, les bals populaires.

4. Il est démodé.
5. Dans de nombreux types de musique, y compris de jazz.

Baguette et béret

1. Fraîche et croustillante.
2. Sous le bras.
3. La casser en deux.
4. Les personnes âgées, les militaires, les écoliers.
5. Béarn.
6. À se protéger des intempéries.

Bricolage

1. Faire les choses soi-même.
2. Il peut faire toutes sortes de choses.
3. Pour devenir autonome, indépendant.
4. Le dimanche, les jours de vacances.
5. Ses outils, son lieu de travail.
6. Compter sur soi-même.

Carotte

1. Un bureau de tabac.
2. On peut garder la fraîcheur du tabac avec un morceau de carotte dans le paquet.
3. Le manque.
4. La vente est réglementée en France.
5. Des timbres, des bonbons, des cartes postales, etc.
6. Non, pas dans les endroits publics.

Chiens et chats

1. 60 millions.
2. Un sur deux.
3. Pour éviter la solitude, pour l'amour des animaux.
4. Produits alimentaires, de beauté, cliniques, etc.
5. Psychologues pour animaux.

Concierge
1. Elle s'occupe de l'immeuble.
2. Parce qu'elle connaît tout le monde.
3. Beaucoup de petits services.
4. Des étrennes, un petit cadeau.
5. À cause des portes à code.

Galanterie
1. Lui rendre hommage, la servir et la protéger.
2. Ouvrir la porte devant une femme, l'aider à passer son manteau, etc.
3. Au Moyen-Âge.
4. L'homme.
5. L'allégeance à la bien-aimée.
6. Comme une distinction chez les hommes.
7. Elle est désuète, etc.
8. Les femmes gagnent le respect des hommes.

Pétanque
1. Placer des boules au plus près du « bouchon ».
2. Trois.
3. Trois.
4. Douze.
5. Le pointeur et le tireur.
6. Treize.

Rentrée
1. L'année civile commence en janvier, l'année scolaire en septembre.
2. En septembre.
3. À la nouveauté : l'école, la classe, etc.
4. De nouveaux livres, discours, statistiques, etc.
5. La fébrilité.

6. Les vacances.

Salutations
1. La correspondance, les contacts directs, la parole, le mail.
2. Elles ne sont pas lues, mais leur présence est essentielle.
3. Serrer la main, faire la bise, etc.
4. Le toucher.
5. Avec « vous » et « tu », « madame » ou « mademoiselle ».
6. Avec « bonjour » et « cordialement ».

Tiercé et Loto
1. Sur l'arrivée de chevaux gagnants.
2. En pariant sur les trois premiers arrivés dans l'ordre, dont un « outsider » ou deux.
3. Trois fois.
4. On a les bons numéros.
5. La mer, le sable, l'évasion.

Tour de France
1. Le cyclisme.
2. En juillet, sur trois semaines.
3. Environ 3 000 km.
4. La montagne.
5. Il a un maillot jaune.
6. À Paris, sur les Champs-Élysées.
7. Parce que c'est un long défilé multicolore.

Vacances
1. Parce qu'il existe une législation officielle.
2. Les Français n'aiment pas travailler, mais il faut dire : ils sont attachés à leurs vacances.
3. Depuis le Front Populaire, en 1936.
4. 5 semaines.
5. Le voyage.

CORRIGÉS POUR FAIRE LE POINT

总结篇参考答案

ALIMENTATION, GASTRONOMIE

1. Escargots et grenouilles
2. Fromages
3. Truffes
4. Champagne
5. Soupe à l'oignon
6. Vache qui rit
7. Café et croissant
8. Beaujolais nouveau
9. Apéritif
10. Perrier
11. Macarons

CÉLÉBRITÉS

1. Édith Piaf
2. Serge Gainsbourg
3. Les Bleus
4. Abbé Pierre
5. Coco Chanel
6. Catherine Deneuve
7. Yannick Noah
8. Coluche
9. Yves Saint Laurent

HISTOIRE, INSTITUTIONS

1. Académie française
2. Châteaux de la Loire
3. Clocher
4. Marseillaise
5. République
6. Charles de Gaulle
7. Coq
8. Marianne
9. Jeanne d'Arc
10. Légion d'honneur
11. Napoléon

INDUSTRIE, ÉDUCATION, TRAVAIL

1. Cocotte-minute
2. Métro, boulot, dodo
3. Pôle Emploi
4. Tour Eiffel
5. TGV
6. Sécurité sociale
7. Grandes écoles
8. Michelin
9. La Sorbonne

LANGUE, MÉDIAS, CULTURE

1. Prix Goncourt
2. Victor Hugo
3. Impressionnistes
4. Tintin
5. Sempé
6. Dictée
7. Guignols
8. Simone de Beauvoir
9. Festival de Cannes
10. Amélie Poulain
11. Le Monde

VIE QUOTIDIENNE

1. Baguette et béret
2. Galanterie
3. Pétanque
4. Loto
5. Bricolage
6. Rentrée
7. Concierge
8. Tour de France
9. Chiens et chats

INDEX

索 引